풀꽃 아저씨가 들려주는
우리 풀꽃 이야기

풀꽃 아저씨가 들려주는
우리 풀꽃 이야기

2011년 2월 28일 처음 펴냄
2019년 5월 2일 8쇄 찍음

지은이 • 김영철
그린이 • 이승원, 박동호
펴낸이 • 신명철
펴낸곳 • (주)우리교육
등록 • 제 313-2001-52호
주소 • 03993 서울특별시 마포구 월드컵북로 6길 46
전화 • 02-3142-6770
팩스 • 02-3142-6772
홈페이지 • www.uriedu.co.kr
제조국명 • 대한민국
사용연령 • 12세 이상
주의사항 • 종이에 베이거나 긁히지 않도록 조심하세요.
　　　　　책 모서리가 날카로우니 던지거나 떨어뜨리지 마세요.

* 이 책의 일부 또는 전부를 재사용하려면 반드시 저작권자와
  (주)우리교육에 서면 동의를 얻어야 합니다.
* 잘못된 책은 구입하신 서점에서 바꾸어 드립니다.
* 책값은 뒤표지에 있습니다.

ⓒ 글 김영철, 그림 이승원, 박동호 2011
ISBN 978-89-8040-441-4 73480

이 도서의 국립중앙도서관 출판시도서목록(CIP)은
e-CIP홈페이지(http://www.nl.go.kr/ecip)와 국가자료공동목록시스템
(http://www.nl.go.kr/kolisnet)에서 이용하실 수 있습니다.
(CIP제어번호: CIP2011000875)

우리 풀꽃 이야기

풀꽃 아저씨가 들려주는

글 김영철 | 그림 이승원, 박동호

우리교육

작가의 말

내가 나고 자란 곳은 나지막한 산으로 둘러싸인 작은 시골입니다. 아홉 살 무렵에야 전봇대가 동네 앞 큰길을 따라 늘어섰고 집에 전기가 들어왔답니다. 그 전에는 등잔불이나 석유램프를 썼지요. 허름한 구멍가게가 하나 있는 동네에는 초등학교에 입학할 때까지도 버스가 하루 세 번밖에 들어오지 않았습니다. 포장이 되지 않은 길이라 비가 내리면 그나마도 들어오지 않아 학교까지 걸어가야 했답니다.

동네에서 좀 떨어진 우리 집에는 넓은 마당이 딸려 있었습니다. 외딴 집에 살다 보니 나는 친구들과는 자주 어울릴 수 없었습니다. 자연히 집 주변을 놀이터 삼아 혼자 지내는 시간이 많아졌습니다. 논과 밭이 이어진 집 주변에는 키 큰 밤나무가 많았고 작은 개울도 흘렀습니

다. 철 따라 변하는 자연은 그 자체가 즐거운 놀이터였습니다. 요즘처럼 사탕과 과자가 흔하지 않은 때라 자연 속에서 간식거리를 얻었고, 그러면서 먹어도 되는 것과 안 되는 것을 배우게 되었습니다. 또 농사를 짓는 어른들을 따라다니며 식물을 기르고 가꾸는 것을 보며 자랐습니다. 그래서인지 사슴벌레나 개구리를 잡으러 다니기도 했지만, 산과 들에서 나물을 캐고 나무 열매를 따먹은 기억이 더 많이 납니다. 고개를 들면 앞에도 옆에도 뒤에도, 보이는 건 산이던 내 어린 시절. 그러니 무엇보다 산과 들에 자라는 풀꽃을 빼놓고는 그때를 이야기할 수 없을 겁니다.

지은이 김영철

추천글

우리 나라에는 4,000가지가 넘는 식물이 살고 있고, 우리 나라에서만 사는 식물이 500가지가 넘는다고 합니다. 이 가운데는 볼품이 없거나 쓸모가 없다고 해서 하찮은 잡초로 여기는가 하면, 보기 좋거나 쓸모가 많아서 귀하게 여기는 식물도 있습니다. 쓸모가 없다고, 볼품이 없다고 해서 없어져도 괜찮은 생명은 없을 겁니다. 보잘 것 없는 풀 한 포기라도 저마다 자기 자리에서 몫을 다하며 살아가기에 자연이 더불어 살아 숨 쉬고 있는 거겠지요.

하지만, 언제부턴가 사람 욕심을 앞세우면서 하루에도 수많은 동식물이 우리 곁에서 사라지고 있습니다. 어쩔 수 없이 사라져야 한다면 사라지는 속도라도 늦추고, 자연을 보듬으며 살 수는 없는 걸까요? 혹시 자연과 친구가 되어 보면 어떨까요. 친구가 되려면 먼저 이름은 알아야겠지요. 그리고 어떻게 살아가는지, 왜 그렇게 살게 되었는지, 이름은 무엇 때문에 붙여지게 되었는지 따위를 알면 알수록 점점 친한 친구가 되지 않을까요? 이 책은 여러분이 식물과 친구가 되기를 기다리고 있습니다.

냉이나 꽃다지는 왜 농사철을 피해서 싹이 트고 꽃을 피우는지, 나리난초는 왜 생선 썩은 냄새를 피우는지. 노루오줌이나 파리풀, 옥잠화는 왜 이런 이름이 붙었는지, 천남성이나 투구꽃은 왜 강한 독을 지니게 되었고 어떻게 쓰이는지. 참나리, 말나리는 어떻게 번식을 하는지, 솜다리는 왜 온통 털을 뒤집어쓰고 살게 되었고 털은 어떤 일을 하는지. 바위솔은 왜 살기 힘든 바위틈 좁은 땅에서 사는지, 얼레지는 왜 이른 봄에 추위만 가시면 꽃을 피우는지. 창포는 왜 상처가 나면 좋은 향기를 내고, 사람들은 왜 단옷날에 창포물에 머리를 감았는지 …….

　글쓴이는 하늘매발톱을 키워 보고서 사계절이 있는 우리 나라에서는 식물이 겨울을 견뎌내야 꽃이 핀다는 것을 알았다고 합니다. 이처럼 산과 들로 우리 식물을 찾아다니고, 식물을 기르며 관찰해서 얻은 살아 있는 이야기를 풀어 식물과 친구 되는 길을 일러 주고 있습니다. 또한 식물을 하나하나 발로 찾아다니며 그린 생생하고도 섬세한 그림은 식물과 친구 되는 지름길을 여는 몫을 할 것을 기대합니다.

생태세밀화가 이태수

추천글

　김영철 선생이, 이야기하듯이 쓴 《우리 풀꽃 이야기》가 세상에 나온 까닭은 어린 시절의 그리움 때문이 아닐까 싶습니다. 더구나 어린 시절을 자연에서 보낸 아름다운 추억은 삶을 밀어가는 데 없어서는 안 될 큰 힘이 되니까요.

　《우리 풀꽃 이야기》를 읽다가 밤이 깊어가는 줄 몰랐습니다. 끝까지 읽게 만드는 힘은 어디서 나오는 걸까요? 머리로 글을 쓰지 않고 오랫동안 산과 들과 강을 두루 다니며 가슴으로, 때론 온몸으로 들꽃과 나눈 이야기라 이런 큰 감동이 있구나 싶습니다. 그래서 아이고 어른이고 한글을 아는 사람이면 누구나 읽어도 '아, 그렇구나!' 싶은 생각이 절로 드는 것이지요.

풀꽃도 사람처럼 자기 몸을 보호하기 위해 애쓰는 모습을 이야기처럼 잘 나타낸 이 책은, 보면 볼수록 새롭고 재미를 더해 줍니다. 냉이가 여름잠을 자고, 애기앉은부채가 파리를 유혹하고, 박새 잎 한 장 뜯어서 뒷간에 던져 놓으면 구더기가 금방 없어지고, 아이들만 하얀 눈을 기다리는 것이 아니라 산구절초도 아이들만큼이나 하얀 눈을 기다린다는 것을 알게 되면, 누구나 김영철 선생처럼 '여기저기 두리번거리'는 버릇이 들 것입니다. "어떤 식물이 있는지, 혹시 내가 처음 보는 식물이 있지는 않을까 생각하며 살피"다가 우리 꽃의 아름다움을 온 누리에 알리는 '전도사'가 되리라 생각합니다.

농부 시인 서정홍

차
례

작가의 말 4

추천글 6

1. 소중하지 않은 꽃은 없다
- 봄나물일까? 잡초일까? — 냉이, 꽃다지 14

2. 내 향기를 맡아 본다고?
- 꽃에서는 좋은 향기만 날까? — 나리난초 20
- 나도 썩은 냄새가 나지만 너보다는 덜해 — 앉은부채, 애기앉은부채 24
- 누가 여기에 오줌 쌌어? — 노루오줌, 쥐오줌풀 32
- 스컹크를 닮은 식물 — 돌마타리, 누린내풀 37
- 향기는 나의 생명이자 무기 — 산국, 꽃향유, 창포 42
- 풀꽃 삼촌의 어린 시절 이야기 ; 봄에 놀기 — 골담초 52

3. 건드리지 마시오!

- 나를 먹으면 죽을지도 몰라! — 천남성, 투구꽃, 반하 60
- 이보다 더 쓴맛은 없다 — 수수꽃다리, 소태나무 68
- 옛날에도 파리약이 있었다! — 파리풀 73
- 풀꽃 삼촌의 어린 시절 이야기 ; 여름에 놀기 77

4. 내 정체가 궁금해?

- 꾀 많은 물의 요정 — 수련, 연꽃, 각시수련 84
- 네 진짜 이름은 뭐니? — 제비꽃, 서울제비꽃, 호제비꽃 90
- 나는 백합이 아니야 — 참나리, 말나리, 중나리 97
- 풀꽃 삼촌의 어린 시절 이야기 ; 가을에 놀기 — 사위질빵, 다래 106

5. 왜 그럴까?

- 왜 밤에 꽃을 피울까? — 옥잠화 113
- 왜 털옷을 입었을까? — 산솜다리, 산구절초 118
- 추운 겨울도 꼭 필요해! — 하늘매발톱, 매발톱꽃 125
- 풀꽃 삼촌의 어린 시절 이야기 ; 겨울에 놀기 132

6. 꽃밭에서는 못 찾을 거야

- 한 송이 꽃을 피우기까지 — 얼레지 137
- 식물도 등산을 하나? — 해란초 145
- 넌 왜 여기에 사니? — 바위솔, 정선바위솔 149
- 풀꽃 삼촌의 어린 시절 이야기 ; 서울에서 만난 식물들 — 상사화 156

7. 누가 뭐래도, 열심히 살고 있다고

- 얌체 같은 식물 — 새삼, 수정난풀 164
- 기생식물이지만 양심은 있어 — 겨우살이 168
- 불가사리를 닮았네 — 쇠비름, 금불초 172
- 풀꽃 삼촌의 어린 시절 이야기 ; 식물과 더 가까이

  — 큰구슬붕이, 등칡, 큰앵초 179

8. 혼자 사는 식물은 없어요

- 마을로 내려온 우리 꽃들 — 동강할미꽃, 복주머니란, 족도리풀 184

찾아보기 194

화가의 말 196

1. 소중하지 않은 꽃은 없다

🌿 봄나물일까 잡초일까?

　우리가 봄철이면 즐겨 먹는 냉이와 꽃다지를 잡초라고 생각하는 사람은 거의 없을 거예요. 이 친구들이 잡초처럼 밭에서 자라면서도 사람들한테서 잡초 취급을 받지 않는 까닭이 있을 것 같은데 한번 알아볼까요?

　"맞아! 사실 우린 사람들이 농사를 짓는 밭에서 주로 살아. 그러면서도 사람들이 우리를 좋아하는 까닭은 바로 우리를 먹을 수 있다는 거야. 이른 봄에는 먹을 수 있는 야채가 거의 없지. 근데 가까운 밭에만 가면 우리를 얼마든지 구할 수 있거든. 파릇한 냉이 무침이나 구수한 냉이 된장찌개를 생각해 봐. 사람들이 우리를 좋아하지 않을 수 없는 거지!"

　"물론 그렇기는 한데. 그렇다고 너희가 전혀 농사에 방해가 안 되는 것은 아니잖아. 밭에서 사는 다른 식물들이 잡초로 사람들의 미움을 받는 까닭은 농사에 방해가 되고 농작물이 자라는 것을 방해하기 때문이라는 것은 너도 잘 알고 있을 텐데."

　"글쎄. 우리가 농사에 방해가 되는 경우라……? 그래 봐야 겨우 보리밭에 군데군데 자리잡고 자라는 것이 전부인데 뭐. 거기다 우리는 키도 별로 크지 않고 또 자리도 많이 차지하지 않는다고. 그것 가지고 사람들이 우리를 미워하지는 않을 거라고 생각하는데."

냉이
Capsella bursa—pastoris

키 : 10~50cm
꽃 : 5~6월
밭둑이나 길가에서 자라는 두해살이풀

"그런가?"

"물론 진짜 이유는 따로 있어. 우린 사람들이 본격적으로 농사를 시작하기 전에 꽃을 피우고 열매를 맺어. 사람들이 농사를 시작하기 위해 밭을 갈아엎을 때는 벌써 우리의 씨앗은 땅에 떨어져 흙 속에 묻히게 되는 거지. 사람들은 밭에 농작물을 심기 전까지는 밭에서 우리가 자라도 별로 신경 쓰지 않아."

"그러면 씨앗을 맺고는 죽는다는 거네."

"그렇지! 우린 씨앗을 맺고 나면 곧 말라 죽고 말아. 그 대신 많은 씨앗을 땅에 떨어뜨려 놓았으니까 걱정은 없어."

"그럼 밭에 떨어진 씨앗은 내년 봄에 싹이 나는 거니?"

"아니! 밭에 떨어진 씨앗은 한동안 잠을 자. 여름잠을 자는 거지. 그러고는 날씨가 점점 시원해지는 가을로 접어들 무렵에 싹을 내고 자라기 시작하는 거야. 생각해 봐. 사람들이 농사를 짓는 때에 싹을 내고 자라면 어디 살아남을 수 있겠어. 거기다 사람들의 미움도 사게 될 것이고. 우리가 싹을 내고 자라기 시작할 무렵에는 밭에 있는 농작물도 수확을 앞두고 있는 때라 사람들도 우리처럼 키가 작아 농작물에 피해가 별로 없는 식물에게는 관심이 없어. 그러니 이때는 마음 놓고 싹을 내고 자라도 되는 거야."

"그거 참 좋은 방법인데. 사람들이 별로 신경 쓰지 않는 때에 싹을 내고 자라면 다른 잡초들처럼 뿌리째 뽑혀서 뜨거운 햇볕 아래서 말라 죽지 않아도 되고. 거기다 요즘 사람들이 너무 많이 사용해서 문제가 되는 제초제를 뒤집어쓰고 누렇게 말라 죽을 염려도 없고. 그렇기는 한데 곧 추운 겨울이 닥칠 텐데 추운 겨울에는 어떻게 하지?"

"밭에 살면서 사람들한테 미움 받지 않고 잘 살고 있으니까 겨울 동안의 추위쯤은 참아 내야지 뭐. 잘 보라고. 우린 처음 자랄 때는 줄기가 없어. 모든 잎이 뿌리에서 나오지. 날씨가 추워지기 시작하면 잎을 땅바닥에 바짝 붙여서 자라게 해. 그러면 추운 바람을 좀 피할 수 있어. 또 낮 동안에 햇볕도 많이 받을 수 있고. 우리처럼 겨울을 보내는 식물들이 퍽 많아. 민들레, 달맞이꽃, 엉겅퀴도 모두 이런 방법으로 겨울을 견디는 거야. 물론 겨울이 다 지나갈 무렵이면 가운데 쪽에 있는 작은 잎하고 그 안에 있는 눈만 살아 있기도 해."

"그렇구나. 우리가 나물로 먹을 때 보면 모두 잎이 뿌리 주변에 뭉쳐 나 있는 것을 봤는데, 그게 너희가 겨울을 나는 모양이었구나."

"맞아. 우리가 겨울을 나고 있는 중이거나 겨울이 거의 지나갈 무렵, 날씨가 따뜻해지면서 막 새로 잎을 내기 시작한 우리를 캐어서 사람들이 먹는 거라고."

"그 말을 들으니까 좀 미안한데. 어렵게 겨울을 견뎌낸 것을 캐어 먹었으니."

"괜찮아! 사람들이 아무리 캐어 먹어도 우린 쉽게 없어지지 않을

꽃다지

Draba nemorosa var. hebecarpa

키 : 20cm
꽃 : 4~6월
양지바른 밭이나 길가에서 흔하게 자라는 두해살이풀

거야. 워낙 많은 씨앗을 밭에 떨어뜨려 두었으니까. 때가 되면 또 싹을 내고 자랄 거라고! 거기다 요즘은 사람들이 밭에다 우리 씨앗을 뿌려 키우기도 하거든. 이 정도면 사람들이 우리 가치를 인정해 주는 것이니까."

냉이와 꽃다지는 농부들의 농사철을 피해 싹을 내고 자라서 꽃을 피우기 때문에 사람들의 미움을 받지 않는 것이랍니다. 또한 좋은 봄나물이기도 하지요.

그런데 농부들의 미움을 사고 있는 잡초들이 모두 나쁜 것일까요? 그렇지는 않답니다. 잡초들 중에서도 사람들에게 유용하게 쓰이는 것들이 많이 있어요. 냉이나 꽃다지처럼 나물이 되는 것도 있답니다. 그리고 요즘은 잡초들이 가지고 있는 강인한 성질을 뽑아내 농작물에 넣어서 튼튼하고 수확량도 많은 농작물을 만들려는 연구가 이루어지고 있거든요.

길가에서 흔하게 만나는 아주 작은 풀 한 포기라도 소중하지 않은 것은 없답니다. 잡초라고 무시하지 마세요. 모두 나름대로 이름이 있고 또한 쓰임새가 있어요. 이제는 그들의 이름을 불러주어야 하지 않을까요?

2. 내 향기를 맡아 본다고?

🌿 꽃에서는 좋은 향기만 날까?

　꽃에서는 무슨 냄새가 날까요? '꽃' 하면 우선 떠오르는 것은 '예쁘다' '아름답다' 그리고 '향기가 좋다' 뭐, 이런 말일 거예요. 우리가 아는 많은 꽃에서는 좋은 냄새가 나지요. 물론 어떤 꽃에서는 아무런 향기가 나지 않는 것도 있어요.

　그런데 꽃에 다가가 냄새를 맡았는데, "으악! 이게 무슨 냄새야!" 하며 코를 막고 물러서는 일이 있다면 믿을 수 있겠어요? 이렇게 고약한 냄새가 나는 꽃이 열대지방에는 많다고 해요.

　세계에서 가장 큰 꽃이 무엇인지 알지요? 그건 바로 꽃의 지름이 1m나 되는 '자이언트라플레시아' 라고 해요. 이 식물은 열대지방인 말레이시아의 숲속에서 산대요. 재미있게도 이 꽃에서는 고기가 썩을 때 나는 역겨운 냄새가 난다고 해요.

　나는 이렇게 역겨운 냄새가 나는 꽃은 우리 나라에 없는 줄 알았어요. 그런데 몇 해 전 우연히 우리 꽃 한 가지를 알게 되었지요. 그 꽃에서는 정말 역겨운 냄새가 났답니다.

　때는 여름이 시작될 무렵이었어요. 친구들과 오대산국립공원의 상원사 쪽 숲에 갔을 때였지요. 나뭇잎이 우거져 햇볕도 거의 들지 않는 숲에 어떤 식물이 살고 있나 살펴보던 길이었답니다.

나리난초
Liparis makinoana

키 : 10~35cm
꽃 : 5~7월
산속 그늘진 곳에서 자라는 여러해살이풀

"야, 여기 봐라! 여기도 꽃이 핀 것이 있다!"

"여기도 있네. 어라, 여기 무지 많다."

"그런데 얘 이름이 뭐지?"

"글쎄, 비슷한 것이 몇 가지 있어서 책을 찾아봐야겠는데. 옥잠난초, 키나리난초, 나리난초 가운데 하나 같은데……."

그러고는 이 꽃을 사진에 담았어요. 이렇게 사진을 찍어 놓으면 나중에 이름을 찾아보는 데도 도움이 되었지요. 또한 좋은 자료가 되었답니다.

"그런데 여기서 무슨 냄새 나지 않니?"

"여기다 누가 생선을 가져다 버렸나 봐. 비린내 심하다!"

"그럴 리가. 아무리 생각이 없어도 누가 절 앞에서 생선을 먹었을라고."

"저길 좀 봐. 저기 누군가 야영한 자리가 있잖아."

"그런가. 누가 야영하면서 먹다 남은 생선통조림을 버렸나?"

우리는 주변에서 나는 생선 비린내가 사람들이 버린 생선통조림에서 나는 줄로 알았어요.

이 일이 있고 나서 얼마 지나지 않은 어느 날이었어요. 친구 하나가 자기가 키우던 나리난초가 멋지게 꽃을 피웠다고 가져왔어요. 화분에 담아 키웠는데 정말 보기 좋게 꽃을 피우고 있었답니다. 화분을 가운데 두고 나리난초를 관찰할 때였어요.

"우와, 이게 무슨 냄새야?"

"이거 얼마 전에 우리가 맡던 냄새하고 같잖아!"

"우리, 생선 사다 놓은 거 없지?"

"없지. 근데 이 화분이 들어오고서부터 나는 것 같은데?"

"어디……."

꽃 가까이에 코를 대고 냄새를 맡아보았답니다.

"맞다, 맞아! 여기서 나는 거야! 한번 맡아 봐."

"정말 그러네. 야! 이거 밖에 좀 내놔야겠다."

나리난초에서 나는 생선 썩는 냄새는 벌써 방 안에 가득한 상태였답니다.

그나저나 무슨 까닭으로 꽃이 역겨운 냄새를 내는 걸까요? 이런 꽃이라면 사람들이 싫어하고 멀리할 것이 뻔한데요. 내 근처에는 접근하지 말라는 표시로 이런 냄새를 풍길 리는 없을 것이고요.

사실 나리난초는 사람들에게는 별로 관심이 없답니다. 사람들이 자기를 좋아해주든 말든 그건 중요한 것이 아니었지요. 중요한 것은 따로 있으니까요.

한번 생각해 볼까요? 고기 썩는 냄새나 생선 비린내는 누가 좋아할까요? 당연히 이런 냄새를 좋아하는 것은 파리일 거예요. 그렇지 않나요? 나리난초가 생선 비린내를 풍기는 까닭은 파리를 유인하기 위해서예요. 파리를 이용해서 자신의 꽃가루를 다른 꽃으로 보내기 위해 선택한 방법이지요. 나리난초가 사는 숲속에는 벌이나 나비가 거의 오지 않거든요. 그 대신 나리난초가 사는 축축하고 어두컴컴한 숲속에는 파리가 많이 산답니다. 그러니 나리난초에게는 다른 방법이 없었던 거예요. 아주 향기로운 냄새를 낸다고 해도 벌과 나비는 이런 숲속에는 들어오지 않을 테니까요.

며칠이 지나자 밖에 내어 놓은 나리난초에서 썩은 생선 비린내가 나지 않는 거였어요.

'녀석! 정말 꾀가 많은데. 이제 더는 냄새를 풍기지 않아도 된다 이거지!'

꽃가루받이가 끝난 꽃에서는 이제 생선 썩는 냄새가 더는 나지 않았답니다.

🌿 나도 썩은 냄새가 나지만 너보다는 덜해

파리가 좋아하는 냄새를 풍기는 식물이 더 없을까 하고 찾아보았더니 몇 가지가 더 있었어요. 그 가운데 아주 신기하게 살아가는 식물에 대해 이야기해 볼게요.

어떤 식물이냐면 하나는 '앉은부채'라는 것이고, 다른 하나는 이 친구의 사촌쯤 되는 '애기앉은부채'라는 것이에요.

앉은부채 꽃을 내가 처음 본 것은 아주 이른 봄이랍니다. 경기도에 있는 천마산에 갔을 때였어요. 계곡에는 아직 얼음이 남아 있었고 숲속에는 눈이 채 녹지 않고 남아 있었지요. '이렇게 추운데 뭐 꽃을 피우고 있는 것이 있을라고.' 하며 숲속을 살피고 있을 때였어요. 발밑에

이른 봄의 앉은부채
Symplocarpus renifolius

키 : 30~40cm
꽃 : 4~5월
눅눅한 나무숲에서 자라는 여러해살이풀

정말 처음 보는 이상하게 생긴 것이 보였어요. 어떤 것은 눈 속에서 뾰족하게 얼굴을 내민 것도 있었어요. 이때 앉은부채를 본 적이 있는 친구가 자신 있게 설명을 했어요.

"이거 앉은부채라는 거야! 여기 보이지? 이렇게 잎이 나오기 전에 꽃이 먼저 핀대. 그리고 좀더 지나면 잎이 무척 커져. 여기 보이는 자주색 반점이 있는 것은 꽃이 아니고 불염포라는 거야. 꽃을 감싸고 있지. 여기 이(불염포) 안을 봐! 보이지. 도깨비방망이처럼 생긴 거. 그 둘레에 깨알처럼 작은 꽃이 많이 달려 있는 게 보이지. 그게 바로 진짜 꽃이야."

모두 신기한 듯 한참을 들여다보았어요. 참 희한하게 생긴 것도 다 있구나 하면서요.

"근데 왜 앉은부채라고 하는데?"

"그건 나도 정확하게는 모르지만 잎이 나중에 부채처럼 크게 자라기 때문이라는 이야기도 있고, 또 땅에 바짝 붙어 핀 꽃의 모양이 마치 광배를 뒤로 하고 앉아 있는 부처 같기도 해서 '앉은부처'에서 유래했다는 이야기도 있어."

친구는 이런 이야기도 했어요.

"앉은부채를 미국에서는 스컹크 캐비지(Skunk Cabbage)라고 한대. 스컹크처럼 꽃에서 냄새가 나고, 잎은 배추를 닮았다고 하여 그렇게 부른대."

나는 무척 궁금했어요.

"무슨 냄새가 난다는 거지? 스컹크를 닮았다면 무척 지독한 냄새가 난다는 건데."

내 의문은 한참이 지나서 풀리게 되었어요.

앉은부채는 너무 이른 봄에 꽃을 피우기 때문에 꽃가루를 옮겨 주는 벌과 나비가 꽃에 찾아올 수 없다는 거예요. 그 대신 벌과 나비보다 일찍 겨울잠에서 깨어나는 다른 곤충을 불러들이지요. 물론 냄새로 유혹을 한답니다. 무슨 냄새냐 하면 바로 고기 썩은 냄새를 내는 거래요.

그런데 우리 나라에 사는 앉은부채는 미국이나 캐나다에 사는 것만큼 냄새가 지독하지 않아요. 그러니 가까이 다가가 냄새를 맡아 보기 전에는 어떤 냄새가 나는지 몰랐지요. 물론 곤충은 사람들이 맡지 못하는 냄새도 잘 맡으니까 냄새를 맡고 꽃을 찾는 데는 문제가 없을 거예요.

앉은부채가 곤충을 유혹하기 위해 꽃을 피우며 하는 신기한 행동이 하나 더 있어요. 그건 꽃에서 열을 내는 거예요. 식물이 열을 내다니 신기하지요. 이렇게 열을 내는 까닭은 꽃에서 나는 냄새를 더욱 멀리까지 보내기 위해서래요. 그리고 불염포에 꽃이 쌓여 있으니 그 안쪽은 바깥보다 따뜻할 거예요. 꽃 안으로 들어온 곤충은 따뜻한 꽃에서 좀더 오래 머물다 가겠지요. 그동안 몸에 더 많은 꽃가루를 묻히게 될 것은 분명한 일이고요.

어때요? 이 친구 참 대단하지요. 이렇게 빈틈없이 준비를 하고 있으니 말이에요.

열매를 달고 있는 애기앉은부채
Symplocarpus nipponicus
키 : 10~15cm
꽃 : 7~8월
강원도 높은 산지에서 자라는 여러해살이풀

그런데 알고 보니 이게 다가 아니었어요. 혹시나 있을지 모르는 적을 피하기 위해 꽃을 감싸는 불염포에는 얼룩무늬를 만들어 두었답니다. 눈에 잘 띄지 않겠지요. 그리고 이런 것보다 더 확실한 준비를 해 두었는데 그것은 몸에 독을 만들어 두는 거예요. 일찍 잎을 내고 자라는데 동물들의 먹이가 되면 헛일이니까요.

앉은부채의 사촌인 애기앉은부채를 보면 이렇게 몸에 독을 만들어 두는 것이 얼마나 중요한지를 잘 알 수 있어요. 대관령에는 소를 키우는 목장이 많아요. 그곳에는 목장이 생기기 전부터 살고 있는 애기앉은부채가 많았지요.

양을 방목하는 목장에서 있었던 일이었어요.

이른 봄이면 애기앉은부채는 정말 먹음직스럽게 잎을 내고 자란답니다. 애기앉은부채는 앉은부채와는 달리 잎이 먼저 나와요. 양을 방목하는 곳에도 애기앉은부채가 많이 자라났어요. 방목해 둔 양들은 풀밭을 돌아다니며 풀을 뜯어먹었어요. 며칠이 지나자 더 뜯어먹을 풀이 없어 배고픈 양들은 사람만 보면 풀을 달라고 울어 댔답니다. 그런데 신기한 것은 배가 고파 울면서도 애기앉은부채 잎은 하나도 건드리지 않은 거였어요.

"참! 녀석들 귀신 같네. 독성분이 있는 것을 아나 보네. 하나도 건드리지 않은 걸 보니."

이런 모습은 소를 키우는 목장에서도 같았답니다.

애기앉은부채의 꽃에서도 썩은 냄새가 난대요. 물론 앉은부채처럼 그리 심하지는 않나 봐요. 애기앉은부채는 한여름인 8월부터 꽃이 피어요. 이른 봄에 잎을 내고 열심히 광합성을 해서 양분을 만들던 잎은 시들어 버린 뒤랍니다. 애기앉은부채는 숲속 나무그늘에서 꽃을 피워요. 그러니 그런 곳에 많이 사는 파리를 유혹할 수밖에 없는 것이지요.

한 가지 궁금한 점이 생겼어요. 애기앉은부채는 왜 여름이 되면서 잎이 시들어 버릴까 하는 것이었어요. 알고 보니 그 까닭은 아주 단순했어요. 숲의 나무들이 잎을 활짝 펴서 햇볕을 가렸기 때문이에요. 햇볕을 받을 수 없으니 필요한 양분을 충분히 만들 수 없는 거예요. 이럴 때 식물들은 에너지를 가장 덜 사용하기 위해 잎을 거두고 잠을 잔답니다. 마치 동물들이 겨울잠을 자는 것과 같지요.

"아하! 그래서 이른 봄 남들보다 서둘러 잎을 내는 거였구나! 나무들이 잎을 내기 전에 열심히 광합성을 해야 하니까."

내가 본 애기앉은부채는 깊은 산의 땅이 채 녹기도 전부터 잎을 내기 시작했어요. 식물들이 말을 할 수 있다면 아마도 서로 이런 말을 했을지도 몰라요.

"야! 너 제정신이야. 이렇게 추운데 얼어 죽으려고 벌써 잎을 내?"

"무슨 소리야. 난 너보다 덩치가 크니까 필요한 양분도 더 많아. 그러니까 될수록 서둘러야 한다고."

실제로 지난 해에는 애기앉은부채가 퍽 많이 자랐을 무렵에 폭설이 내렸어요. 물론 기온도 뚝 떨어져 얼음이 얼기도 했지요. 그런데도 애기앉은부채는 '뭐, 이 정도쯤이야! 견딜 만하지.' 하는 것처럼 아무렇지도 않았답니다.

그런데 한 가지 이상하지 않나요. 뭐가 이상했을까요?

예! 바로 그거예요. 같은 숲속 나무그늘에서 사는 식물에게 다른 점이 있다는 거예요. 나리난초도 숲속에 살고 애기앉은부채도 숲 속에 살아요. 둘 다 파리들이 좋아하는 냄새를 풍긴답니다. 그런데 애기앉

애기앉은부채 꽃과 다 익은 열매

은부채는 여름이면 잎이 시들어 없어져요. 나리난초는 비슷한 숲속에 살면서도 여름철에 꽃을 피우고 열매도 맺고 해요. 광합성을 해서 남는 양분을 저장하기도 하지요. 애기앉은부채가 햇볕이 부족하다고 잎을 거두어 버리는 것과는 너무 다르지요. 왜 그럴까요?

이것도 알고 보면 그리 어렵지 않답니다. 애기앉은부채는 햇볕을 좋아하는 식물이에요. 햇볕이 강해야만 살아가는 데 충분한 양분을 만들 수 있지요. 반면에 나리난초는 햇볕이 조금만 있어도 살아가는 데 충분한 양분을 만들 수 있어요. 나리난초를 햇볕이 강한 곳에 두면 곧 시들어 버리거나 잎이 햇볕에 타서 하얗게 변하기도 하거든요.

참 신기하지요. 닮은 점도 있지만, 서로 너무 다르기도 하잖아요. 서로 사촌쯤 되는 앉은부채와 애기앉은부채의 살아가는 모습도 마찬가지고요.

비슷한 숲속에서 사는 식물이 서로 다른 모습으로 살아가는 것이 내게는 무척 신기했답니다.

🌿 누가 여기에 오줌 쌌어?

봄철에 산에 가면 자주 만나는 꽃 가운데 '쥐오줌풀'이라는 것이 있었어요. 또 여름철에 깊은 산엘 가면 '노루오줌'이라는 꽃도 볼 수 있었지요.

'이 식물들은 왜 이름에 오줌이 들어갔을까?'

그때는 처음 우리 꽃을 공부할 때라서 이 궁금증에 대한 답을 찾을

노루오줌
Astilbe chinensis var. davidii
키 : 30~70cm
꽃 : 7~8월
산골짜기에 흔한 여러해살이풀

수 없었어요.

"혹시 꽃에서 오줌 냄새가 나나? 아니면 쥐나 노루가 찾아와 오줌을 싸는 풀인가? 그럼 동물들의 화장실……?"

한번은 정말 쥐오줌풀 꽃을 보았을 때 냄새를 맡아 보았지요.

"어! 아니네. 오줌 냄새 같은 것은 안 나네."

그도 그럴 것이 쥐오줌풀 꽃에는 벌이며 나비가 쉴새없이 찾아와 꿀을 빨고 있었으니까요. 오줌 냄새가 나는 꽃에 벌과 나비가 끊임없이 찾아올 까닭이 없겠지요.

그러다가 학교에서 식물생태학을 가르쳐 주신 선생님과 함께 산에를 간 적이 있었어요. 기회는 이때다 하고 여쭈어 보았답니다. 그랬더니 선생님께서는 이렇게 말씀하셨어요.

"아직 그걸 모른단 말이지! 그건 말이지, 얘들의 뿌리에서 오줌에서 나는 지린내(톡 쏘는 듯한 암모니아 냄새)가 나기 때문에 붙은 것이라네. 나도 냄새를 맡아 보지는 못했어."

이름에 대한 궁금증은 풀렸어요. 그런데 이제는 정말 그런 냄새가 나는지 확인해 보고 싶어졌어요. 얼마나 진한 오줌 냄새가 나기에 이름에까지 오줌이 붙었는지 알아 보고 싶었답니다.

하루는 냄새를 맡아 볼 생각으로 쥐오줌풀의 뿌리를 캐어 보기로 했어요. 먼저 마음의 준비를 하고 조심스럽게 흙을 걷어 냈지요. 그런데 별 냄새가 나지 않는 거였어요.

"이상하네. 별 냄새가 안 나는 거 아냐? 왜 냄새가 안 나는 거지."

쥐오줌풀
Valeriana fauriei

키 : 40~80cm
꽃 : 5~8월
산과 들에서 흔하게 자라는 여러해살이풀

이런 나의 혼잣말이 끝나기가 무섭게 콧구멍을 파고드는 냄새가 있었답니다. 어디서 많이 맡아본 듯한 냄샌데, 더 진하고 뚜렷했어요.

"맞네. 지린내가 맞아. 냄새 한번 진하구만."

쥐오줌풀의 뿌리를 다시 제자리에 묻어 주었어요. 코를 막고 입으로 조금씩 숨을 쉬어야 했지요. 다시 제자리에 심어 놓고는 끼고 있던 장갑도 벗어 따로 치워 두었답니다. 물론 손도 닦았지요. 손에서도 냄새가 났기 때문이에요.

이 식물들이 이렇게 오줌 냄새를 내는 까닭은 무엇일까요? 벌써 짐작하고 있었다고요? 그래요. 짐작했을 거라고 생각해요. 이렇게 뿌리에서 냄새를 내는 친구들은 모두 자기 몸을 보호하기 위해서이지요.

그런데 좀 이상하지 않나요? 줄기나 잎이 아니고 왜 뿌리에서 이런 오줌 냄새를 내는 걸까요? 잎이나 줄기는 뜯어 먹혀도 된다는 것일까요? 이 식물 친구들이 우리와 말을 나눌 수 있다면 아마도 이렇게 이야기할 거예요.

"아, 그거. 내가 사는 곳에는 먹이가 흔치 않은 봄철에 뿌리를 파먹는 동물들이 많거든. 그 대표적인 동물이 멧돼지고. 이런 동물들한테 뿌리가 먹히면 곤란하지. 그러니 뿌리에서 이런 지린내를 뿜는 거야. 그리고 다른 식물들이 싹을 낼 때쯤에는 나 같은 것은 별로 안 먹더라고. 가끔 뜯어 먹히는 친구도 있기는 해. 그래도 문제는 없어. 우린 뿌리에 있는 양분을 잎을 내고 줄기를 내는 데 모두 사용하지 않아. 일부는 언제나 남겨 둔다고. 이걸로 곧 새로 싹을 내면 되는 거지. 어때, 우리의 철저한 준비. 감탄할 만하지!"

사람보다 후각이 더 예민한 동물들은 이렇게 진한 냄새가 나는 것을 더 잘 알 거예요. 그리고 동물들도 우리처럼 오줌 냄새 나는 것을 싫어하나 봐요. 그러니까 식물들이 이런 냄새를 만들겠지요.

스컹크를 닮은 식물

스컹크가 어떤 동물인지 잘 알지요? 스컹크는 자신을 공격하는 동물에게 아주 역겨운 냄새가 나는 물질을 뿜어내지요. 그러면 그 동물은 한동안 제 정신을 차리지 못한대요. 그 사이에 스컹크는 도망을 치는 거지요. 스컹크의 냄새는 어찌나 지독한지 한동안 사라지지 않는대요. 그러니 스컹크의 냄새를 한번 맡아 본 동물은 다시는 스컹크 가까이 가려고 하지 않는다네요. 우리 꽃들 가운데도 이런 스컹크를 닮은 꽃이 있다는 걸 알아요?

대관령에서 여러 가지 우리 꽃을 키우면서 있었던 일이었어요. 가을로 접어들면서 나와 친구들은 내년 봄에 키울 우리 꽃의 씨앗을 받으러 여기저기 다니곤 했지요. 하루는 평창으로 내려갔어요. 전에 보아 둔 털중나리와 솔체꽃, 돌마타리 들의 씨앗을 채집했답니다. 채집한 씨앗은 집으로 가져와 신문을 깔고 적당하게 마를 때까지 두었어요. 그래야만 씨앗을 건강하게 보관할 수 있으니까요. 건강하게 보관한 씨앗은 당연히 예쁘게 싹을 내고 자라겠지요.

친구들과 저녁을 먹은 뒤 쉬고 있을 때였어요. 어디서 이상한 냄새가 나는 거였어요.

"야! 너 방귀 뀌었지? 와, 냄새 한번 지독하네!"

"무슨 소리야! 네가 그러고는 미안하니까 선수 치는 거지? 어디서 구린내가 난다 했더니."

한동안 이런 대화가 오갔어요. 결국 아무도 방귀를 뀌지 않았다는 것이 밝혀졌어요.

"뭐야, 그럼 어디서 나는 거야? 정말 지독한 냄새네."

나는 화장실로 쓰레기통으로 왔다갔다하며 원인을 찾아보았어요. 혹시 다른 집에서 나는가 싶어서 문을 열고 밖으로 나가 보기도 했지요. 밖에서는 아무런 냄새도 나지 않았어요. 우리 집에서만 쾨쾨한 냄새가 나는 거였어요. 이제는 다들 코를 킁킁거리며 냄새가 어디서 나는지 찾아다녔답니다.

"야! 찾았어. 이거야 이거! 이 녀석이 범인이다 야!"

한 친구가 코맹맹이 소리로 이렇게 말하는 것이었어요.

우리는 친구가 가리키는 곳으로 가 냄새를 맡아 보았답니다.

"우와! 지독하다. 방 안에 두면 안 되겠다. 밖에 좀 내봐라 야!"

우리는 그 범인을 베란다에 내놓았어요. 물론 베란다 바깥쪽 창문을 활짝 열어 두어야만 했답니다. 베란다 쪽 문틈으로 그 구린내가 새어 들어왔거든요.

이 쾨쾨한 구린내의 범인은 무엇이었을까요? 그건 낮에 채집해서

돌마타리
Patrinia rupestris

키 : 20~60cm
꽃 : 7~9월
산기슭 양지바른 땅에서 자라는 여러해살이풀

넣어 둔 씨앗 가운데 하나가 내는 것이었어요. 바로 '돌마타리'였답니다. 씨가 다 마를 때까지 우리는 구린내를 맡아야 했지요.

봄이 되어 채집해 둔 씨앗들을 뿌렸어요. 물론 돌마타리 씨앗도 뿌렸지요. 냄새를 참아 가며 잘 말려 보관한 덕이었을까요. 예쁘게 싹을 내고 자라더군요.

"귀여운 녀석들. 그렇게 냄새를 피우더니 잘도 자라네. 그래 무럭무럭 잘 자라라!"

흐뭇한 마음으로 매일같이 인사를 했답니다. 여름으로 접어들면서 돌마타리도 제법 크게 자랐어요. 그러던 어느 날인가부터 또 구린내가 나기 시작했어요. 어떤 때는 냄새가 나지 않았고 또 어떤 때는 심하게 나는 것이었어요. 냄새가 나는 곳은 물론 돌마타리가 자라는 곳이었지요.

"근데 뭐야? 왜 냄새가 나다 안 나다 하는 거지?"

이상하다 싶어 한참을 쳐다보았어요. 생각을 더듬어 보니 맑은 날 햇볕이 강해지는 늦은 아침이면 냄새가 진해지는 것이었어요. 그렇게 오후까지 냄새가 진하게 났고, 씨앗이 익을 무렵에 더욱 냄새가 진해지는 것을 알게 되었지요.

돌마타리는 왜 이런 구린내를 내는 것일까요? 혹시 소똥이나 말똥이 많은 곳에서 자라서 그럴까요? 왜 그런지 알아냈어요! 그래요. 풀을 뜯어 먹는 동물들이 자신을 먹지 못하도록 하는 거예요. 이런 구린

누린내풀
Caryopteris divaricata

키 : 1m
꽃 : 7~8월
개울가 숲 가장자리에서 자라는 여러해살이풀

내가 나는 식물을 먹고 싶어 하는 동물은 아마도 없을 거예요. 그런데 꽃이 필 무렵이나 열매가 익어갈 무렵에 이런 냄새가 더욱 강해지는 까닭은 무엇일까요. 그건 아마도 돌마타리에게 꽃이나 열매가 더욱 소중하기 때문일 거예요. 어떤가요? 스컹크를 참 많이 닮지 않았나요?

돌마타리처럼 몸에서 역겨운 냄새를 풍겨 자신을 보호하는 식물이 더 있어요. 그 이름에서부터 냄새가 난답니다. 바로 '누린내풀'과 '누리장나무'예요. 이 친구들은 미리 냄새를 풍기고 있답니다.

"어때, 이런 냄새가 나는데도 먹을 수 있겠어? 한번 먹어 볼래?"

하며 튕기는 듯하지요. 누린내풀의 꽃은 보기에도 예쁘고, 모양도 재미있게 생겼어요. 그래서 조금이라도 가까이 가서 관찰을 하려면 한참 숨을 참아야 했지요. 어느 날 사람들과 함께 우리 꽃을 관찰하던 중이었어요. 사람들에게 누린내풀 잎을 하나 뜯어 냄새를 맡아 보게 했어요. 모두들 "아유, 뭐 이런 냄새가 다 있어요. 어이구, 저리 치워요!" 하며 물러섰어요. 누린내풀이 이런 냄새를 내는 까닭을 설명해 주고는 잎은 버렸지요. 그런데 잎을 만진 손에서는 하루종일 냄새가 났어요. 물로 씻어도 냄새가 없어지지 않았답니다.

🌿 향기는 나의 생명이자 무기

우리 꽃들 중에는 꽃이 아니라 몸에서 향기를 내는 식물들이 많이 있어요. 그 가운데 진한 향기를 내는 식물들이 있는데, 향기를 내는 이유가 조금씩 다른가 봐요. 어떻게 다른가 한번 이야기를 들어 볼까요?

― 향기는 나의 생명

"우리는 온몸에서 진한 향기를 내. 아마도 이 진한 향기가 없었다면 지금까지 살아 남을 수 없었을 거야. 왜 우리한테 이 향기가 중요한지 궁금하지? 잘 들어봐."

이 친구의 이름은 꽃향유라고 해요. 우리 나라의 숲 가장자리와 들의 풀밭에서 쉽게 만날 수 있는 식물이랍니다.

"사실 난 네 향기가 너무 진한 것 같아. 다른 사람들은 너나 너랑 비슷한 시기에 꽃을 피우는 '산국'이라는 친구의 몸에서 나는 향기를 좋아하는데 넌 너무 진해서 머리가 아파."

"그럴지도 모르지. 우린 평소에도 몸에서 향기를 내기는 하지만 무엇보다 꽃이 필 무렵에 그 향기가 더 진해져. 어쩌면 머리가 아플 정도로 강할지도 모르지만 다 이유가 있거든."

"내 생각으로는 꽃가루를 옮겨 주는 곤충을 부르기 위해 향기를 내는 것 같은데 힘들게 온몸으로 진한 향기를 낼 필요까지는 없지 않을까? 꽃에서만 내도 되잖아."

"모르는 소리! 우리라고 힘들게 온몸으로 향기를 만들어 퍼뜨리고 싶겠어. 그렇게 해야만 하는 까닭이 있는 거라니까. 생각해 보라고. 내가 꽃피는 시기가 언제야?"

"그야 뭐, 늦은 가을이지. 어떤 때는 서리 내린 다음에도 꽃을 피우는 것을 많이 봤지."

"바로 그거야! 그렇게 늦은 가을이니까 많이 춥다고. 그러니 곤충

산국
Chrysanthemum boreale
키 : 1~1.5m
꽃 : 9~10월
산기슭 양지바른 곳에서 자라는 여러해살이풀

들이 많지 않은 거야. 곤충들에게 내가 있는 곳을 알려야 하는데 꽃에서만 내는 향기로는 좀 부족하겠지?"

"그렇구나! 그래서 그렇게 진한 향기를 온몸으로 풍기는 거구나. 그러고 보니 네가 있는 곳에는 항상 벌이나 꽃등에나 나비가 많이 있더라."

"이제 좀 이해가 되는가 보네. 내 진한 향기 덕분에 곤충들이 쉽게 나를 찾을 수 있으니까 내 주변에서 많이 보게 되는 거라고."

"한 가지 더 궁금한 것이 있어. 뭐냐면, 그렇게 늦게 꽃을 피우면 씨앗은 언제 키우니? 내가 보니까 꽃이 채 시들기도 전에 겨울이 닥치던데."

"이야, 너 관찰력이 대단한데. 맞아. 사실 꽃을 피우고 씨앗을 만들기까지 시간이 없어. 그 대신 씨앗을 만드는 데 긴 시간을 쓰지 않아. 아주 짧은 시간이면 된다고. 그리고 줄기는 다 얼어서 말랐더라도 열매 안에 있는 씨앗은 익어 가도록 하는 거야. 이 방법은 몰랐겠지?"

"그건 몰랐는데. 그런 까닭에 씨앗이 생기지 않은 것 같은데도 이듬해 봄에 보면 수없이 많은 싹이 자라는 거였구나! 그런데 어린 싹에서도 향기가 나더라. 왜 어릴 때에도 향기를 내는 건데?"

"어릴 때부터 몸에서 향기를 내지 않으면 안 되는 이유가 있지. 그건 말이야, 우리가 사는 곳 때문이야. 우린 풀밭에서 살아. 우리 둘레에는 많은 식물들이 자리를 잡고 살거

꽃향유
Elsholtzia splendens

키 : 50~60cm
꽃 : 9~10월
산이나 들의 메마른 자갈밭에서 자라는 한해살이풀

든. 그런데 우린 한해살이 식물이라서 해마다 새로 싹을 내고 자라야 하지. 그러니 주변의 식물들에게 강한 모습을 보여줘야 한다고. 바로 우리 몸에서 나는 냄새가 그런 역할을 하는 거지. 무슨 말이냐 하면, '여긴 내가 자리를 잡은 곳이니까 가까이 오지 마!' 하는 거야. 우리 향기에는 다른 식물이 잘 자라지 못하게 방해하는 물질이 포함되어 있거든. 이 물질은 우리가 자리 잡은 주변에 떨어진 다른 식물의 씨앗이 싹을 내는 것을 방해하기도 해. 이렇게 하지 않으면 우리가 자리를 잡고 살 수가 없다고."

"야! 이제 알겠다. 그래서 전에 내가 여러 가지 우리 꽃 씨앗을 뿌려서 키울 때 밭에 잡초가 너무 많아서 고생을 했는데 어쩐지 네가 자라는 곳에서는 그 많은 잡초가 별로 보이지 않더라고."

"사실 어릴 때부터 온몸에서 강한 향기를 내는 이유가 또 있어. 이것 역시 내가 자리를 잡고 사는 곳과 관계가 있지. 이곳에는 개미들이 집을 짓고 살기 좋아하는 곳이기도 해. 내가 뿌리를 내리고 있는 곳에 개미가 집을 짓기라도 하는 날이면 난 살 수가 없어. 개미들은 개미산 (개미의 몸에 있는 지방산의 한 가지)으로 식물의 뿌리를 상하게 하고 죽게 하기도 해. 우리가 내는 강한 향기는 개미가 가까이 오지 못하게 하는 역할도 하는 거라고. 참, 우리처럼 온몸으로 향기를 내면서도 그 이유가 다른 친구가 있다며? 어떤 친군지 궁금한데."

― 향기는 나의 무기

"나도 내 몸에서 나는 향기가 아니었다면 이 자리에 없었을 거야. 그런데 때로는 내 향기 때문에 사람들한테 뿌리까지 뽑히기도 해. 그럴 때는 내가 왜 이런 향기를 가졌나 후회하기도 한다고."

이 친구 이름은 창포라고 해요. 우리 나라의 물가에서 흔하게 자라던 것이었어요. 그런데 요즘 들어서는 자연스레 자라는 것을 쉽게 볼 수 없답니다. 사람들이 창포가 사는 곳을 자꾸 없앴기 때문이지요. 창포는 연못이나 습지에서 사는데 그런 습지가 자꾸 줄어들면서 창포도 자취를 감추게 되었던 거예요.

"난 처음에 네가 따뜻한 곳에서만 사는 줄 알았는데 추운 곳에서도 잘 살더라. 내가 사는 이곳 대관령에서 널 보고는 깜짝 놀랐잖아! 근데 사실은 놀라기도 했지만 무척 반가웠다고. 그건 그렇고 넌 어떤 이유로 몸에서 향기를 내는데? 그런데 향기를 내기는 하는 거니? 별로 향기가 나는 것 같지 않았거든."

"맞아! 우리 몸에서는 늘 향기를 내는 것이 아니야. 어떤 때 향기를 내는가 하면, 바로 몸에 상처가 났을 때야. 평소에는 아무리 가까이 코를 대고 냄새를 맡아도 냄새가 나지 않을 거야. 하지만 잎을 조금 뜯어 봐. 그러면 아주 좋은 향기가 코를 찌른다고. 사람들은 내 향기를 맡으면 거의 대부분 탄성을 지르지. '햐! 향기 기가 막힌데.' 하면서……."

"어! 이상하다. 내가 아는 식물 가운데 몸에 상처가 나면 역겨운 냄새를 내서 자신을 보호한다는 것은 아는데, 넌, 아주 좋은 향기를 낸다

창포
Acorus calamus var. angustatus
키 : 70cm
꽃 : 6~7월
늪이나 개울가, 연못가에서
드물게 자라는 여러해살이풀

고? 그 향기로 자신을 보호한다고?"

"그래! 내 향기로 날 보호하는 거야. 네가 알고 있는 것처럼 동물들한테 먹히지 않기 위한 향기가 아니라는 뜻이지. 내가 내는 향기는 상처가 났을 때 내 몸으로 들어올지 모르는 벌레나 세균으로부터 내 몸을 보호하는 거라고. 내 향기에는 벌레나 세균을 죽게 하는 물질이 들어 있거든."

"그래서 상처가 났을 때 진한 향기를 내는 거구나!"

"사람들은 내 향기를 좋아할지 모르지만 벌레나 세균에게는 가까이 오지 말라는 경고 표시가 되는 거야. 내가 이런 향기를 몸에 만든 이유는 바로 내가 사는 곳을 잘 살펴보면 알 수 있어. 그건 바로 물가에 산다는 거야. 물속이나 습기가 많은 곳에 뿌리를 내리고 살기 때문에 내 주변에는 항상 세균들이 많아. 이런 세균이나 작은 벌레들로부터 내 몸을 보호하기 위해 이런 향기를 만든 거라고."

"너한테 이런 좋은 점이 있어서 옛날부터 널 많이 이용한 거구나. 옛날 사람들이 여름이 시작되는 단옷날, 너를 삶은 물에 머리를 감고 목욕을 하기도 한 까닭이 있었네. 날씨가 더워지면서 세균들이 많아지는 때이니 널 이용해서 예방을 하려는 뜻이 숨어 있던 것이구나. 거기다 너의 그 탁월한 능력 때문에 조선왕조실록을 보관하는 사고의 상자 안에도 말린 창포 뿌리를 넣었던 거고."

"그런데 그게 내 능력의 전부가 아니야. 사람들이 요즘 날 좋아하는 또 다른 이유가 있지."

"그게 뭔데?"

"그건 말이야. 나를 이용해서 물을 깨끗하게 하려는 거야. 나뿐만 아니라 우리처럼 물가에 사는 식물들에게는 물을 깨끗이 하는 능력이 있어. 다시 우리의 가치를 사람들이 알아보는 거지."

꽃향유나 창포 말고도 많은 우리 꽃들이 다양한 향기를 품고 있답니다. 우리 꽃들을 만날 때면 꼭 코를 가까이 대고 냄새를 맡아 보세요. 때로는 잎을 뜯거나 잎을 손으로 문질러 냄새를 맡기도 해 보세요. 우리 꽃 친구들과 좀 더 가까워지고 있다는 것을 느낄 수 있을 거예요.

풀꽃 삼촌의 어린 시절 이야기
봄에 놀기

꽁꽁 언 논과 개울의 얼음이 녹기 시작하면 겨우내 타고 놀던 썰매와 아쉬운 작별을 해야 했습니다. 햇볕이 제법 따뜻해져 두꺼운 겨울옷을 벗어도 춥지 않을 때쯤이면 양지바른 곳으로 봄나물을 캐러 갔습니다. 할머니와 어머니는 논둑과 밭둑을 따라가며 새 잎이 돋는 개망초를 칼로 잘라 바구니에 담았습니다.

나는 냉이와 씀바귀를 캐다가 싫증이 나면 정월 보름 쥐불놀이에 까맣게 탄 논둑을 뒤져 삘기('띠'의 어린 꽃. 잎을 벗겨내 먹으면 단맛이 난다.)를 뽑았습니다. 한 줌 뽑은 삘기를 단맛이 빠질 때까지 씹다가 뱉거나 삼켰지요. 또 어떤 날은 달래(우리가 나물로 먹는 달래는 '산달래'이다. '달래'는 깊은 산 계곡 주변에서 자라는 식물로 키가 훨씬 작다.)를 캤습

니다. 달래가 많이 자라는 곳을 잘 아는 나는 어렵지 않게 찾아내곤 했지요. 그건 지금도 마찬가지랍니다. 하루 종일 캐온 달래와 냉이는 된장찌개로 또 달래무침이나 냉이무침이 되어 밥상에 올라왔습니다. 나는 냉이무침은 맛나게 먹었지만 씀바귀나 고들빼기, 달래는 입에도 대지 않았답니다. 어린 내 입맛에는 쓰고 매웠기 때문이지요.

냉이가 꽃대를 내밀고 꽃을 피워 먹을 수 없게 되면 할머니와 어머니를 따라 산에서 나물을 뜯었습니다. 다른 나물을 잘 모르는 나는 고사리만 꺾었습니다. 고사리는 햇볕이 잘 들고 키 큰 나무가 없는 산비

찔레순

탈에서 많이 납니다. 또 전에 난 곳에서 다시 자라기 때문에 기억을 더듬어 가면 고사리를 많이 꺾을 수 있었지요. '고사리 손 같다'는 말을 들은 적 있지요? 막 자라기 시작하는 고사리는 정말 주먹을 움켜쥔 아이의 손을 닮았답니다.

  할머니와 어머니가 뜯은 나물 중에 지금 기억나는 것으로는 다랫순(다래나무의 어린순), 고춧잎(고추나무의 어린순), 가염취(뚝갈의 어린순), 미역취, 참취 들입니다. 캐어 온 산나물은 삶아서 말린 다음 장날에 내다 팔고, 나물무침으로 밥상에 올라왔습니다. 나는 고사리무침을 특히 좋아했답니다.

  봄에는 산과 들에 먹을 것이 많았습니다. 가장 흔한 것은 찔레나무의 어린순이었고, 다음으로는 시영('수영'의 어린잎. 신맛이 난다.)이었습니다. 때로는 한 바구니씩 꺾어 먹기도 했고 소꿉놀이에 쓰기도 했습니다.

  그 무렵 아직 쟁기질을 하지 않은 논은 둑새풀이 가득 자라 마치 잘 가꾼 잔디밭 같았습니다. 동네 친구들과 함께 놀면 어김없이 논에 들어가 축구를 했지요. 그런데 둑새풀은 잔디보다 키가 크기 때문에 빨리 뛰기 어려웠고, 공이 잘 구르지도 않았답니다. 또 둑새풀 아래에 숨어 있는 벼의 그루터기에 걸려 연방 넘어지고 엎어졌는데도 뭐가 그리 좋았는지 시간 가는 줄 몰랐지요. 해가 기울고 멀리서 "영철아, 밥 먹어라." 하는 어머니의 목소리가 들려도 모른 척하고 놀았습니다. 그러다 "영철아! 밥 먹어야지!" 하고 어머니 목소리에 화난 기운이 묻어난 뒤에야 아쉬운 마음을 뒤로 하고 집으로 향했답니다.

  다음 날에는 아침을 먹자마자 작은 괭이와 호미를 챙겨 앞산으로 갔습니다. 마를 캐러 가는 것입니다. 전보다 서너 뼘은 더 자란 듯한 마를 캐려고 열심히 돌을 걷어 내고 땅을 파 보지만 마 뿌리는 땅속 깊이 내린 나무뿌리 사이로 도망치듯이 뻗어 있었습니다. 아쉬운 마음에 밖으로 나온 줄기를 당겨 보지만 소용이 없었습니다. 어쩔 수 없이 돌과 흙을 모아 다시 묻고는 다른 것을 찾아보았습니다.

  마는 땅속으로 들어갈수록 점점 굵어져 때로는 고구마만큼 자란다고 합니다. 어린 나는 도라지 뿌리 정도의 마를 캐는 것이 전부였습니다. 마를 캐다 지치면 둥굴레를 캐서 집에 돌아와 소죽을 끓이는 아궁이에 넣고 구웠습니다. 아주 맛이 좋던 건 아니었지만 직접 캐고 아궁이에 굽고 껍질을 까먹는 것이 재미있었답니다.

그즈음 개울가의 버들강아지(갯버들)는 제법 물이 올라 줄기와 껍질이 잘 떨어졌습니다. 마디나 가지가 없이 곧은 줄기를 골라 빈틈없이 비튼 다음 껍질만을 잘 뽑아내면 멋진 버들피리가 되었습니다. 양 볼이 아프도록 하루 종일 버들피리를 불었지요. 그런데 하루가 지난 뒤에는 그 곱던 소리가 다시 나지 않았습니다. 밤새 줄기가 말랐기 때문입니다. 그 뒤로는 버들피리 한쪽 끝을 물에 담가 놓았습니다. 이렇게 하면 며칠이 지나도 마르지 않고 소리를 냈습니다.

"이려! 이려! 워워워."

봄이 깊어 가면서 마을에는 소를 몰고 논과 밭을 가는 소리가 메아리가 되어 앞산과 뒷산을 오갔습니다. '구구 구구' 하는 산비둘기 울음소리가 하루 종일 동네를 맴돌다 해가 진 뒤에야 잠잠해졌지요. 모내기와 밭에 씨를 뿌릴 준비로 내 놀이터는 분주하게 돌아갔답니다.

캄캄하게 어둠이 깔리면 다시 새 울음소리가 밤이 깊도록 그치지 않았는데 어머니는 소쩍새 울음소리라고 했습니다. 소쩍새는 어느 해에는 '소쩍! 소쩍!' 하고, 또 어느 해에는 '솟쩍다! 솟쩍다!' 하고 울었습니다. 어머니는 '소쩍! 소쩍!' 소리가 들리면 그 해에는 풍년이 아니라며 걱정했고, '솟쩍다! 솟쩍다!' 일 때는 풍년이라고 안심했습니다. '솟쩍다! 솟쩍다!' 우는 소리는 '솥 적다! 솥 적다!'와 비슷해, 소쩍새가 이번 해에는 솥에 넘칠 만큼 쌀이 많이 나오리라 미리 알려주는 것이라고 덧붙였지요. 그래서 나도 소쩍새가 늘 '솟쩍다! 솟쩍다!' 하고 울기를 바랐습니다. 지금은 깊은 산에서도 소쩍새가 우는 소리를 듣기 힘듭니다. 어쩌다 소쩍새 울음소리가 '솟쩍다! 솟쩍다!'로 들리면, 지금도 나는 '올해는 풍년이겠는걸!' 하며 혼잣말을 하곤 한답니다.

　모내기가 시작되면 어린 나도 일손을 도와야 했습니다. 물론 하는 일이라야 모를 논으로 옮기거나 못줄을 잡는 정도였지요. 이따금 어른들이 마실 막걸리를 받으러 동네 구멍가게에 갔는데, 어린 내게는 퍽 먼 길이었습니다. 주인아주머니가 구석에 놓인 항아리에서 낡은 주전자에 막걸리를 퍼 주면, 나는 조금이라도 흘릴 새라 조심조심 들고 왔지요. 무사히 막걸리 심부름을 마치고 나면 동네 어른들은 어김없이 "영철이가 다 컸네. 너도 한잔 마셔라!" 하며 농담 섞인 칭찬을 했습니다. 그 말에 나는 정말 어른이라도 된 것처럼 어깨가 우쭐하던 기억도 납니다.

　모내기가 한창일 때면 동네 곳곳에는 하얗게 아카시아(본래 이름은 아까시나무로 아카시아 나무는 따로 있다. 아까시나무는 외국에서 들여와 심기 시작했는데 마치 오래전부터 자라던 것처럼 노래에도 나온다.) 꽃이 피기 시

골담초
Caragana sinica
키 : 2m
꽃 : 4~5월
뜰에 심기도 하며 낮은 산에서 자라는
잎지는떨기나무(낙엽관목)

작합니다. 긴 막대기로 아카시아 꽃송이를 따먹기도 했는데 향기롭고 달콤해서 무척 좋아했습니다. 아카시아보다 조금 일찍 꽃이 피는 골담초는 키는 작았지만 더 맛이 좋았습니다. 그런데 골담초는 아무 데나 피지 않고 이웃집 마당에서만 자란다는 것이 문제였습니다. 때문에 집주인이 없는 틈에 몰래 한 주먹씩 따먹고는 했습니다.

　그런데 어느 날 골담초 꽃을 먹다 한쪽에 조그만 구멍이 있는 것을 발견했습니다. 구멍이 없는 것도 있었지요. 이상하다 생각하며 한참을 살펴보았습니다. 골담초에 날아든 작은 꿀벌은 꽃잎 사이를 비집고 들어가 맛있는 꿀을 한껏 빨아먹고는 다른 꽃으로 날아갔습니다. 그런데 덩치가 꿀벌의 서너 배는 되는 호박벌은 골담초에 날아와 꿀이 있을 만한 자리에 구멍을 낸 뒤 긴 주둥이를 박고 꿀을 빨았습니다.

'아하! 구멍을 만든 범인은 바로 호박벌이었구나!'

범인을 찾은 나는 참 신기했습니다. 지금 생각하면 꿀벌들은 꽃가루를 옮겨 주는데 호박벌은 구멍을 내고 꿀만 먹으니, 애써 꿀을 만든 골담초는 억울하겠다는 생각도 듭니다. 하지만 어린 나는 그런 생각은 하지 않았고, 호박벌이 먼저 꿀을 먹어서 구멍이 난 꽃보다 구멍이 없는 꽃이 더 달콤하다는 것을 깨닫고는 골라서 따먹었답니다.

모내기가 끝이 나면 어머니는 논둑을 따라가며 낡은 칼로 땅을 쿡쿡 찔러 틈을 만든 다음 서너 알씩 콩을 심었습니다. 이렇게 서너 알씩 콩을 심는 까닭은 한 개는 자라서 우리가 먹을 것이고, 나머지는 산비둘기나 까치가 파먹을 것이라고 일러 주었습니다.

3. 건드리지 마시오!

🍃 나를 먹으면 죽을지도 몰라!

　나와 함께 식물을 공부하던 친구 가운데 어떤 식물이건 입에 넣고 맛을 보는 친구가 있었어요. 기회만 있으면 식물의 잎이든 열매든 입으로 가져갔지요. 나는 걱정스러운 마음에, "야! 아무거나 입에 넣으면 어떡하냐? 혹시 독이라도 있으면 어쩌려고……." 하며 말렸지요.

　한번은 산에 갔다가 강한 독성이 있는 걸로 아는 천남성 열매가 빨갛게 익어 있는 것을 보았어요. 아니나 다를까. 이번에도 친구는 열매를 하나 따서는 입에 넣어 씹어 보는 것이 아니겠어요.

　"뭐 하는 거야! 그거 독성이 무지 강한 거란 말이야. 여기 핸드폰도 잘 안 돼서 119도 못 불러!"

　"그냥 씹어서 맛이 어떤가 보는 거야. 삼키지 않으면 괜찮겠지 뭐."

　아주 태연스럽게 말하는 것이었어요. 그러나 그런 여유도 잠깐이었답니다. 곧 얼굴 표정이 일그러지더니 친구는 씹던 것을 급히 뱉어냈어요. 그러고는 가지고 있던 물로 입 안을 몇 번이고 헹구어 내는 것이었어요.

　"우와! 죽는 줄 알았다. 입 안을 바늘로 쑤시는 것 같은 거 있지. 지금은 혀에 아무런 감각이 없어."

　이렇게 말하며 입을 벌린 채 마구 손부채질을 하는 것이었어요. 이런 모습을 지켜보던 친구들은 어이가 없다는 듯 한동안 쳐다만 보고

천남성
Arisaema amurense var. *serratum*
키 : 15~30cm
꽃 : 5~7월
나무숲 속 응달진 곳이나 골짜기에서 자라는
여러해살이풀

천남성 열매

있었답니다. 그 친구 말로는 한동안 혀가 마비된 것 같았다고 해요. 마비된 것처럼 아무런 감각이 없던 혀는 네댓 시간이 지나서야 감각이 돌아왔답니다. 만약 독성이 있는 줄도 모르고 삼키기라도 했다면 어떻게 되었을까요?

　우리가 산과 들에서 만나는 식물에는 여러 가지 독성분이 들어 있어요. 대부분의 식물은 독성이 약하기 때문에 먹어도 별 탈이 없어요. 우리 몸에서 금방 해독 작용을 하기 때문이지요. 그렇지만 많이 먹으면 배탈이 나기도 하고 얼굴이 붓기도 해요.

　지난번에 산나물을 잔뜩 먹었는데도 아무렇지 않았다고요? 산나물을 잔뜩 먹었는데 어째서 배탈이 나지도 않았고 얼굴이 붓거나 하지도 않았을까요? 우리가 산나물로 먹는 식물은 독성이 없을 거라고요? 그래요. 사실 우리가 먹는 산나물은 독성이 거의 없는 식물들이에요. 그렇다고 전혀 없는 것은 아니랍니다. 우리가 먹는 산나물은 거의 모두 끓는 물에 데쳐서 먹지요. 끓는 물에 데쳐서 산나물의 독성분을 우려내는 것이에요. 그렇기 때문에 산나물을 많이 먹어도 아무렇지 않은 것이랍니다.

　내가 사는 대관령 주변의 산에는 잎이 넓고 시원스럽게 생긴 '박새'라는 식물이 많이 있어요. 이곳 사람들은, "박새요, 그거 무지 독한 놈이에요. 오래전에 이놈 잘못 먹고 죽은 사람도 있어요. 그거 있잖아요, 잎 한 장 뜯어서 뒷간에 던져 놓으면 구더기가 금방 없어져요. 그 정도면 무지 독한 거지요?" 하는 것이었어요.

몇 년이 지나 내가 식물원에서 일하기 시작한 뒤의 일이었어요. 봄이 한창일 무렵 식물원으로 스님 한 분이 급하게 찾아왔어요. 손에는 가지런히 잘린 식물의 잎을 한 줌 들고 있었지요. 그러고는 식물전문가를 찾는다고 했어요.

"혹시 이 식물이 무엇인지 알 수 있나요?"

"이거요? 잎이 토막 나서 그렇기는 하지만, 보기에 박새라는 식물 같은데요."

"이거 사람들이 점심 공양으로 먹었는데요."

"예? 이걸 먹었다고요! 이거 독성이 무지 강한 식물이에요. 빨리 응급조치를 해야 할 거예요. 119에 전화를 하든지 구급차를 부르든지 해서 병원으로 가세요."

그 스님은 내 말을 믿을 수 없었는지 박새에 대해 검색을 해 보고 나서야 부리나케 식물원을 떠났답니다.

박새처럼 사람을 죽게 할 정도로 강한 독이 있는 식물이 여럿 있어요. 할미꽃 알지요? 할미꽃도 독성이 강한 식물 가운데 하나랍니다. 아마도 텔레비전에서 본 적이 있을 거예요.

"어명이오! 죄인 아무개는 사약을 받으시오!" 하고는 큰 사발에 하나 가득 사약을 마시게 하는 장면 생각나나요? 여기에 나오는 사약이 바로 독성이 강한 식물로 만든 것이랍니다. 이 사약을 만들 때 주로 사용한 것이 '투구꽃'이라는 식물의 뿌리예요. 때로는 할미꽃의 뿌리로도 만들었다고 해요.

내가 아는 친구가 어렸을 때 독이 있는 식물을 먹은 경험을 이야기해 볼게요.

아직 초등학교도 들어가기 전이라 아무것도 모를 때였다고 해요. 하루는 외할머니께서 집 근처 밭에서 뭔가를 많이 캐어 왔대요. 크기는 콩알만 하기도 했고 또 어떤 것은 콩알보다 조금 크기도 했대요. 궁금해서 무엇이냐고 외할머니께 여쭈어 보았지요. 할머니는 이름은 말씀하지 않으시고, "약에 쓸 거란다. 건드리면 안 된다!"라고만 하였대요.

그 일이 있고 얼마 지나지 않았을 때였어요. 친구가 밖에서 놀다가 할머니가 캔 것과 같은 것을 발견한 거예요. 그때, 외할머니가 맛있는 먹을거리를 "약에 쓸 거란다!" 하며 손대지 못하게 한 기억이 떠올랐지요. 그래서 얼른 몇 개 캐서는 입에 넣고 맛나게 씹어 먹었대요. 그런데 삼키자마자 목이 타는 것처럼 뜨거워지기 시작했다고 해요. 하늘이 빙빙 돌고 하늘빛이 노랗게 보였대요. 얼굴이고 손발이고 온몸이 화끈거리고 거의 죽는 줄 알았다고 해요.

그런데 이 친구가, "아무 말도 못 하고 그냥 참고 있었어. 건드리지 말라고 한 걸 먹은 줄 알게 되면 무지 혼날까 봐." 하는 거였어요. 이 친구가 먹은 식물은 '반하'라는 식물이었어요.

식물들이 몸 안에 독을 가지고 있는 까닭은 짐작이 될 거예요. 역시

투구꽃
Aconitum jaluense

키 : 1m
꽃 : 9월
깊은 산 숲속에서 자라는 여러해살이풀

반하
Pinellia ternata

키 : 30cm
꽃 : 5~7월
밭이나 길가에서 자라는 여러해살이풀

반하의 덩이줄기와 뿌리

동물이나 벌레들로부터 자신을 보호하기 위해서랍니다. 동물이나 벌레들은 독성이 강한 식물을 금방 알아봐요. 독성이 강한 식물이 동물이나 벌레들이 알 수 있는 냄새로 신호를 보내는 거예요.

"야! 나 강한 독을 가지고 있어. 나를 먹겠다고? 나, 너 죽어도 책임 안 진다!"

사람들은 독성이 있는 식물을 배우지 않고는 쉽게 알 수가 없어요. 그러면, 독성이 강한 식물을 아는 사람이 보이는 대로 모두 없애 버려야 할까요? 혹시 누가 잘못 알고 먹기라도 하면 큰일이잖아요. 만약 그렇게 해야 한다면 엄청 많은 식물을 뽑아 버려야 할 거예요. 이렇게 힘들게 뽑아 버리는 것보다는 잘 이용하는 것이 좋지 않을까요?

독성이 강한 식물을 잘 이용하면 좋은 약을 만들 수 있어요. 실제로 강한 독을 가지고 있는 식물도 좋은 약으로 많이 쓰이고 있지요. 사람에게 해가 되지 않을 만큼 적은 양을 쓰면 되는 것이랍니다. 또한 독성이 강한 식물에는 우리가 알지 못하는 여러 가지 성분이 들어 있다고 들었어요. 잘은 모르지만 불치병인 암을 치료할 수 있는 성분이 있을지도 모른다고 해요. 나중에 커서 이런 연구를 해 보는 것도 재미있지 않을까요?

🌿 이보다 더 쓴맛은 없다.

식물의 잎은 어떤 맛일까? 하고 궁금해한 적이 없었나요? 아마도 많았을 거예요. 어떤 식물의 잎에서는 신맛이 나요. 또 어떤 식물의 잎은 매운맛이 나기도 하지요. 그런데 내 생각으로는 이 식물들만큼 쓴맛을 내는 식물은 없던 것 같아요.

우리 자생식물에 대해 공부를 시작한 지 얼마 안 되었을 때 일이었어요. 자주 함께 식물을 공부하는 친구들과 학교 안을 다니며 식물을 관찰하곤 했어요. 어느 날 한 친구가 어떤 나뭇잎을 하나 따서는 먹어 보라는 거였어요.

"너네, 이거 먹어 봤어? 얼마나 맛있다고. 이게 라일락 잎인데, 꽃 향기가 얼마나 좋은지 몰라. 그런데 맛은 모르지? 이 잎이 얼마나 달고 맛있는지 '첫사랑의 달콤한 맛'이라고 하는데……."

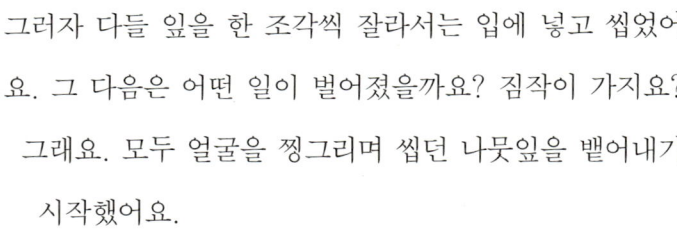

그러자 다들 잎을 한 조각씩 잘라서는 입에 넣고 씹었어요. 그 다음은 어떤 일이 벌어졌을까요? 짐작이 가지요? 그래요. 모두 얼굴을 찡그리며 씹던 나뭇잎을 뱉어내기 시작했어요.

"퉤퉤! 뭐야, 너 이리 와. 퉤퉤, 이렇게 쓴데 맛있다고. 너 잡히면 죽어!"

나뭇잎을 먹어 보라던 친구는 벌써 멀찍감치 달아난 뒤였어요. 라일락의 우리 말 이름은 '수수꽃다리'라고 해요. 봄이면 흰빛, 보랏빛, 분홍빛 꽃을 피

수수꽃다리(라일락)
Syringa oblata var. dilatata

키 : 2~3m
꽃 : 4~5월
주로 관상용으로 심어 가꾸는 잎지는떨기나무(낙엽관목)

우고 아주 진한 향기를 낸답니다. 잎은 무지 쓴맛이 나요. 그래서 '첫사랑의 달콤한 맛'이 아니라, 이루지 못한 '첫사랑의 쓴맛'이라는 별명이 붙었답니다.

그나저나 아까 그 친구는 어떻게 되었냐고요? 친구들한테 잡혀서 뒤통수 몇 대 맞았죠. 그 뒤로도 기회만 있으면 수수꽃다리 잎을 가지고 장난을 쳤어요. 물론 열심히 공부도 했지요. 지금은 우리가 먹는 감자를 연구하는 박사가 되어 있답니다.

식물 이름에 벌써 '나는 쓴맛이 나요'라고 말하는 것이 있답니다. 그것은 우리가 봄이면 나물로 먹는 씀바귀라는 식물이에요. 사실 이 씀바귀는 이름처럼 그렇게 쓰지 않답니다. 조금 씁쌀한 정도예요. 정말로 쓴맛이 강한 식물은 따로 있어요.

어머니가 몸살로 앓아 누워 계실 때였어요. 식사도 못 하는 것이 안타까워 뭐라도 드실 것을 권했지요. 그때 어머니는 이렇게 얘기하시곤 했어요.

"입맛이 소태 씹은 맛이다. 나중에 먹으마……."

어머니의 이 말씀에 나를 궁금하게 하는 것이 있었어요. 바로 '소태'라는 것이었지요. 나중에 알고 보니 입맛이 아주 쓰다고 할 때 '소태 씹은 맛이 난다'고 하는 것이었어요. 그러다 우연한 기회에 소태의 비밀을 알게 되었답니다.

봄이 깊어 여름으로 접어들 무렵 국립수목원으로 견학을 갔을 때였

소태나무
Picrasma quassioides

키 : 10m
꽃 : 5~6월
산에서 자라는 잎지는나무(낙엽수)

어요. 그곳에서 '소태나무' 라는 푯말이 붙은 나무를 보았어요. 문득 이런 생각이 들었답니다. '혹시 이것이 바로 그 소태?' 그러고는 잎을 하나 따서는 조금 잘라 씹어 보았지요.

"우와, 쓰다 써! 이게 바로 그 소태구나. 어유, 퉤퉤!"

소태 맛을 실감했답니다. 한동안 소태나무 잎의 쓴맛이 입안에 남아 있었지요. 점심을 먹고 나서야 입안의 쓴 느낌이 덜해진 것으로 기억합니다.

가끔 나도 사람들에게 장난을 한답니다. 식물을 관찰하다 소태나무를 만나면 시치미를 뚝 떼고 한번 씹어 보라고 하는 거예요. 사람들은 의심의 눈으로 머뭇거리면서도 하나씩 뜯어서는 입에 넣고 씹어 본답니다. 모두 쓴맛 때문에 인상이 찌푸려질 때쯤 나무의 이름을 이야기하지요. 그러면 고개를 끄덕이며 이렇게 이야기를 하곤 했어요.

"정말 쓰네요! 대신 이름은 절대 잊어버리지 않겠어요."

여러분도 기회가 있으면 한번 맛을 보세요. 절대로 잊어버리지 않을 거예요.

이렇게 쓴맛이 나는 식물을 벌레나 다른 동물들이 좋아할까요? 아마도 먹을 것이 없어서 이 쓴 나뭇잎만 먹어야 한다면 모를까 입에도 대지 않을 거예요. 바로 그것이 이 친구들의 속셈이랍니다.

"이렇게 쓴맛이 나는데, 나를 먹겠다고? 아마도 조심해야 할걸. 배탈 나지 않게……."

이런 때문인지 쓴맛이 나는 나뭇잎에서는 벌레들이 잎을 갉아먹은 자국을 찾아보기 어렵답니다.

그 밖에도 식물체에서 쓴맛이 나는 것으로는 쓴풀, 개쓴풀, 네귀쓴풀, 큰잎쓴풀 들이 있답니다.

🍃 옛날에도 파리약이 있었다!

우리 조상들은 이 땅에서 자라는 식물을 여러 가지 용도로 이용하였답니다. 그 가운데 한 가지 재미있는 것이 있는데, 바로 어떤 식물의 뿌리를 이용해서 파리를 잡았다는 거예요. 이 식물은 우리 나라 어디서든 숲에만 가면 쉽게 볼 수 있는 흔한 식물이어서 파리를 잡는 데 쓰기에는 더할 나위 없이 적당하였답니다.

이 때문에 이 식물의 이름은 '파리풀'이 되었어요. 파리를 잡는 데 쓰는 풀이라는 뜻이랍니다. 이런 이야기를 알고 나서 정말 파리가 죽는지 알고 싶었지요. 하지만 직접 실험을 해 보지는 못하고 있었어요. 그러던 중에 이런 일이 있었답니다.

몇 해 전 여름 치악산국립공원에 갔을 때였어요. 그곳에서 자원봉사로 국립공원자연해설을 하는 사람들과 그곳의 자연관찰로에 있는 식물들을 관찰한 적이 있었답니다. 여러 가지 식물에 대해 이야기를 하던 중이었어요.

"선생님! 이게 뭐예요? 식물의 씨앗 같은데 자꾸 바지에 달라붙네요."

"아, 그거요. 그건 바로 이 식물의 씨앗이랍니다. 이 친구는 사람의 옷이나 동물의 털에 씨앗을 붙여서 멀리까지 보내려고 하지요. 아무래도 숲속에 자라니까 지나가는 동물들이 많겠지요? 잘 보세요. 열매 끝에 갈고리 모양의 가시가 여러 개 있어요."

"정말 꽃이 작네요. 근데 이름이 뭐지요?"

"예, 이 친구의 이름은 파리풀이라고 해요."

"파리풀이요? 왜 파리풀이죠? 어라, 줄기에 열매가 달려 있는 것이 꼭 파리가 붙어 있는 것 같네. 혹시 이것 때문이 아닐까요?"

"제가 알고 있는 것은 이 식물을 이용해서 파리를 잡았다는 거예요. 옛날에 우리 조상들이 사용하던 파리약이었다는 거지요."

"정말이요? 재미있네요. 그런데 어떻게 파리를 잡아요?"

"이 식물의 뿌리에는 강한 독성이 있는데 이 독성이 파리한테 치명적이랍니다. 뿌리를 캐어서 짓찧어 즙을 낸 다음, 이것을 종이에 발라두거나 밥풀에 발라두면 파리가 날아와 먹고는 곧 죽는답니다."

"정말 신기하네요. 아이들한테 꼭 이야기해 줘야겠어요."

"원래 파리풀은 다른 벌레들이 자신의 잎을 갉아먹지 못하게 하고 또 동물들이 뿌리를 파먹지 못하게 하려고 독을 만들었을 거예요. 그런데 이 독이 파리한테 특효가 있다는 것을 사람들이 알고 파리를 잡는 데 사용했을 것이구요. 이처럼 우리 꽃들이 가지고 있는 유용한 성분들을 밝혀낸다면 어쩌면 무공해 농약도 만들 수 있지 않을까 하는 생각이 들어요. 요즘 농약을 너무 많이 뿌려서 큰 문제가 되고 있잖아요."

파리풀
Phryma leptostachya var. asiatica
키 : 30~80cm
꽃 : 7~9월
산기슭의 나무 그늘 아래에서 자라는 여러해살이풀

"그렇구나. 그래서 풀 한 포기 나무 한 그루도 소중하게 생각해야 하는 거군요. 알겠습니다. 우리 아이들한테 꼭 이런 이야기를 해 줄게요."

이런 일이 있고 나서 이듬해 봄에 다시 치악산국립공원에 갈 기회가 있었어요. 지난번에 만난 치악산국립공원 자연해설가들과 반갑게 인사를 나눌 때였답니다.

"선생님, 진짜 파리가 죽더라구요!"

"예, 파리라니요? 무슨 파리가 죽었다는 거예요?"

"있잖아요. 그때 이야기한 파리풀. 그거 그때 이야기한 것처럼 실험해 보았거든요. 그랬더니 정말 파리가 먹고는 죽었다니까요 글쎄."

아주 신기한 듯이 만나자마자 이 이야기부터 하는 것이었답니다.

"정말 파리가 죽던가요? 저는 아직 실험해 보지 못했는데……."

"파리풀 뿌리에서 즙을 짜서는 이걸 밥풀에 발랐어요. 그러고는 파리를 잡아서 통에 넣고 함께 넣어 두었지요. 조금 지나서 가 보았더니, 정말 파리가 죽어 있었어요. 얼마나 신기하던지."

나는 이 이야기를 통해서 정말 파리풀의 독이 파리를 죽일 수 있구나 하는 것을 알게 되었답니다. 그리고 무엇보다도 내가 직접 경험해 보는 것이 얼마나 중요한 일인가를 다시 한번 더 소중하게 느끼게 되었답니다.

풀꽃 삼촌의 어린 시절 이야기
🍃 여름에 놀기 🍃

　어른들은 마을 서쪽에 있는 하고개(하우고개: 경기도 분당과 의왕시의 경계가 된다. 판교 신도시 개발로 지금은 예전의 모습을 찾아볼 수 없다.) 쪽 하늘이 시커멓게 변하면 소나기가 올 테니 빨리 피하라고 했습니다. 그 말대로 하고개 쪽 하늘이 컴컴해지면 곧 소나기가 쏟아지기 시작했습니다. 소나기가 자주 내리면서 여름이 시작되었지요.

　집 주변과 개울가에 서 있는 키 큰 밤나무에서는 밤꽃 냄새가 코를 찔렀고 감나무도 꽃을 피웠습니다. 이때부터 나는 밤송이를 따서 밤이 얼마나 익었는지 살피기 시작했습니다. 한여름이 지나야 겨우 먹을 만하게 여문다는 것을 알면서도 마음이 조급했나 봅니다.

　때로는 막걸리를 받던 주전자를 들고 친구들과 앞산으로 향했습니다. 산을 분홍빛으로 물들인 벚나무 열매인 버찌가 까맣게 익어가기 때문입니다. 맨발로 나무를 타서 버찌가 가장 많은 가지 쪽에 걸터앉아 주전자를 걸어 놓고 버찌를 따기 시작했습니다. 물론 손에 든 버찌의 반은 입으로 먼저 들어갔습니다. 우물우물 씹은 다음 씨앗을 한 번에 뱉어냈지요. 나뭇가지를 옮겨 다니며 이러기를 한참이면 주전자가 가득 찼습니다. 나무에서 내려와 친구들과 누구 혀가 더 까맣게 변했는지 비교하며 집으로 돌아왔답니다. 어른들은 버찌를 너무 많이 먹으면 배탈이 난다고 했지만 그런 적은 없었던 것 같습니다.

우리 집 근처에는 밤나무 다음으로 감나무가 많았습니다. 감꽃은 꽃잎 전체가 열매에서 떨어지는데, 긴 실이나 개밀이라는 풀에 꿰어 장독대에 널어 놓았습니다. 진한 갈색으로 변한 마른 감꽃을 한참 씹으면 단맛이 납니다. 그래서 아이들은 감꽃을 꿰어 목걸이를 만들기도 했고 맛나게 먹기도 했답니다.

　여름이라고 해서 놀기만 한 것은 아닙니다. 소가 먹을 풀을 날마다 준비해야 했는데 이를 '꼴을 벤다'고 합니다. 어린 내게는 쉬운 일이 아니었습니다. 소가 좋아하는 풀을 베고 하나로 묶어서 두세 번은 집으로 날라야 했으니까요.

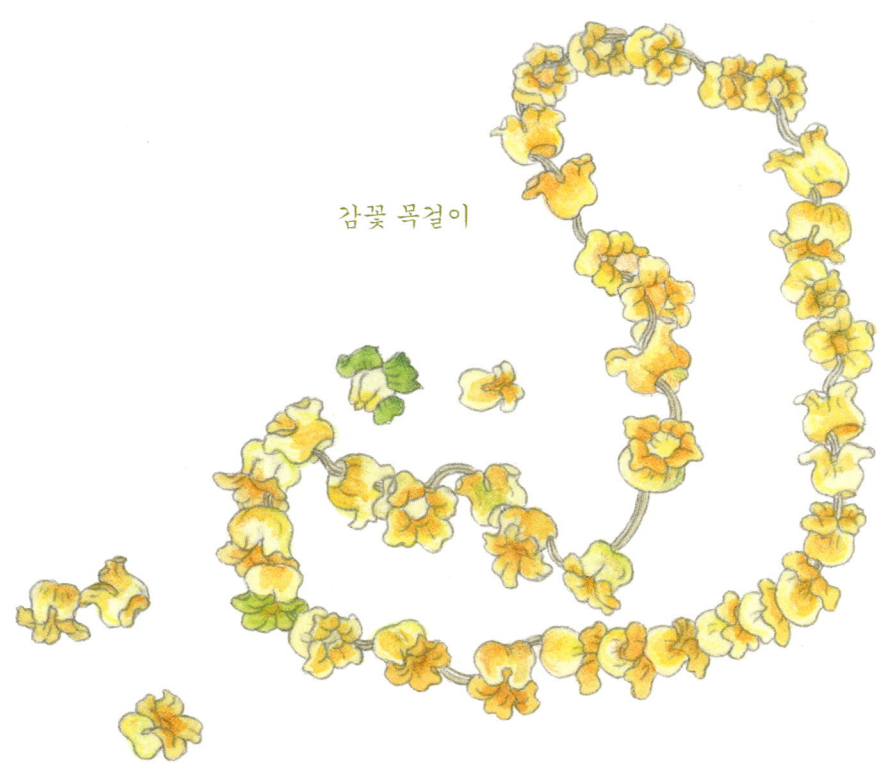

감꽃 목걸이

할아버지는 산 아래쪽에서는 고사리, 논둑 밭둑에서는 애기똥풀(노란 꽃을 피우고 줄기를 자르면 주황색 물이 나온다.)이 섞이지 않게 조심하라고 했습니다. 독이 있어서 소가 먹으면 안 된다는 것입니다.

하지만 어쩌다 고사리나 애기똥풀이 섞여도 소는 귀신같이 골라내고 다른 풀만 먹었습니다. 먹으면 안 되는 줄 어떻게 알았을까 참 신기했답니다. 이 궁금증은 훨씬 뒤에 식물을 공부하면서 풀렸습니다. 독이 있는 식물들은 '나는 독이 있어!'라고 알리는 물질이 있는데 소는 이 냄새를 맡고 먹으면 안 되는 것을 아는 것입니다. 냄새 덕분에 동물들은 독 있는 풀을 먹지 않고 식물은 자신을 보호할 수 있는 것이지요.

신기한 것이 또 있었습니다. 낫질이 서툴던 나는 자주 낫에 손가락을 베였는데, 그럴 때면 어른들은 쑥을 짓이겨 상처에 바르고 풀잎으로 싸매라고 일러 주었습니다. 그러면 피도 멎고 상처가 덧나지도 않았답니다. 알고 보니 산과 들에서 만나는 많은 풀들은 피를 멎게 하고 상처를 소독하는 물질을 가지고 있었습니다.

장마가 시작되면 며칠이고 집에만 있어야 했답니다. 비를 맞고 다니면 감기 걸린다고 혼나기도 했지만 장마철에는 빨래가 잘 마르지 않아 갈아입을 옷이 없었기 때문입니다. 비가 밤새도록 쏟아진 다음 날, 잠에서 깨어 할아버지 아버지를 따라 집 앞 개울가로 나갔습니다. 물이 건너편 밭까지 차올라 밭의 일부가 흔적도 없이 쓸려 간 뒤였지요. 개울가 저편에 우뚝 서 있던 미루나무도 힘없이 쓰러져 떠내려갔습니다. 장맛비가 어느 정도 잦아들면 동네 어른들은 족대(물고기 잡는 도구)와 양동이를 들고 개울가로 나가 물고기를 잡았습니다. 나와 아이들은 고기 잡는 모습을 구경하는 것만으로도 마냥 즐겁고 신기했답니다.

비가 주춤할 때면 나는 어김없이 집 근처 살구나무 밑으로 갔습니다. 잘 익은 살구 몇 개가 지난밤 비바람에 떨어져 있었어요. 성한 것이 별로 없었지만 옷에 쓱쓱 문질러 먹으면 살살 녹던 맛은 지금도 군침이 돌게 한답니다. 때로는 더 먹을 욕심에 돌이나 나무 막대기를 던지기도 했지만 겨우 한두 개가 더 떨어지는 것이 전부였습니다.

장마가 끝날 때쯤부터 본격적인 더위가 시작되었습니다. 나는 시간이 날 때마다 큰 개울에 가서 본격적인 물놀이 준비를 했습니다. 여울 아래쪽 적당하게 물이 고이는 곳에서 개울을 가로질러 돌을 쌓았어요. 적당한 높이로 돌이 쌓이면 물이 새지 않도록 돌과 돌 사이를 풀로 막았습니다. 잎이 넓은 칡덩굴 잎이나 호박잎이 특히 좋았는데 호박잎을 많이 따면 호박이 열리지 않는다고 혼이 나기도 했지요. 하지만 풀로 채우고 잎으로 막아도 원하는 높이까지 물이 차지는 않았습니다. 그럴 때는 마지막 방법으로 비닐을 구해다 막았습니다. 그러면 물이 덜 새서 물이 차올랐답니다.

내가 만든 작은 수영장은 물놀이하기에 아주 좋았습니다. 물속에서 한참을 놀다 추워지면 개울가 큰 바위에 등을 대고 누웠습니다. 햇볕에 따뜻해진 바위의 열기가 금방 몸을 덥혀 주었지요. 시간 가는 줄 모

르고 놀다 배가 고프면 밭에서 참외 몇 개와 수박 한 통, 빨갛게 잘 익은 토마토를 따와 물에 담가 두었습니다. 어느 정도 시간이 지나면 차가워진 참외와 수박, 토마토를 하나씩 먹었는데 정말 꿀맛이었답니다.

물놀이만 하다 싫증이 나면 다른 재미난 일은 없을까 궁리를 했습니다. 그러다가 나무 위에 원두막을 만들기도 했습니다. 적당한 굵기의 나무를 베거나 땔감 중에서 골라 개울가 밤나무 위로 옮긴 다음, 밤나무 가지와 가지 사이에 걸쳐 놓았습니다. 그리고 새끼줄이나 칡넝쿨로 묶어 고정시키고 그 위에 조금 긴 나뭇가지를 얼기설기 늘어놓았지요. 그 다음 작은 나뭇가지를 촘촘하게 올리고 말린 풀을 깔면 그런 대로 쓸 만한 원두막이 완성되었습니다. 물론 지붕이 없어 비가 오면 쓰지 못했지만 시원해서 낮잠 자기에 좋았어요. 지금 생각하면 그리 높지 않았는데도 동네 멀리까지 내려다보였답니다.

여름이 깊어 가면서 개울가에는 산딸기가 빨갛게 익어 갔습니다.

그런데 산딸기보다는 멍석딸기나 덩굴딸기(원래 이름은 줄딸기. 덩굴로 자란다고 이렇게 불린 것 같다.)가 더 탐스럽고 맛이 좋았습니다. 그래서 멍석딸기와 덩굴딸기가 있을 만한 곳을 찾아 개울가와 산을 종일 돌아다니기도 했습니다. 그러면 어른들은 뱀이 많으니 조심하라는 말을 잊지 않았답니다. 실제로 산딸기, 곰딸기, 덩굴딸기가 자라는 곳은 돌 많은 덤불이라 뱀도 많습니다. 딸기를 따려고 덤불을 비집고 들어가다가도 뱀이 벗은 허물이 눈에 띄기라도 하면 덜컥 겁을 먹고는 후다닥 도망쳤답니다.

여름철 저녁이면 마당에 멍석을 깔아 놓고 찐 옥수수와 감자를 먹었습니다. 모기를 쫓는 모깃불을 놓았는데 절반 정도 말린 쑥이 가장 좋다고 했습니다. 멍석에 누워 올려다본 맑은 밤하늘은 온통 별들로 가득했습니다. 하늘을 가로지르는 은하수도 보였지요. 별자리에 대해서는 잘 몰라 북두칠성을 찾는 것이 고작이었지만 그래도 즐겁고 신기했습니다.

　이런 날에는 논 위로 반딧불이도 많이 날아다녔습니다. 반딧불이가 얼마나 밝을까 궁금해 스무 마리 넘게 잡아 작은 병에 넣었더니 정말 책을 볼 수 있을 정도로 밝았습니다. 어른들은 반딧불이로 담뱃불이나 모닥불을 붙인다고 했습니다. 그 말이 정말인 줄 알고 반짝이는 꼬리에 손가락을 댔지만 하나도 뜨겁지 않았습니다. 그제야 어른들이 농담했다는 것을 알았지요.

　더위가 한풀 꺾일 무렵이면 개울가를 따라 군데군데 서 있는 개복숭아가 익었습니다. 개복숭아는 벌레 먹은 것이 많아서 잘 보며 먹어야 했습니다. 혹시 벌레를 함께 먹을까 봐 여간 신경 쓰던 것이 아니랍니다. 어머니는 개복숭아 많이 먹으면 배탈이 난다고 했지만 그래도 몰래몰래 많이 따먹었습니다. 그러다 정말 배가 아프면 아프다는 말도 하지 못했습니다. 개복숭아를 많이 먹어 그랬다는 것을 어머니가 알면 크게 혼이 날 테니까요. 다행스럽게도 심하게 아픈 적은 없었답니다.

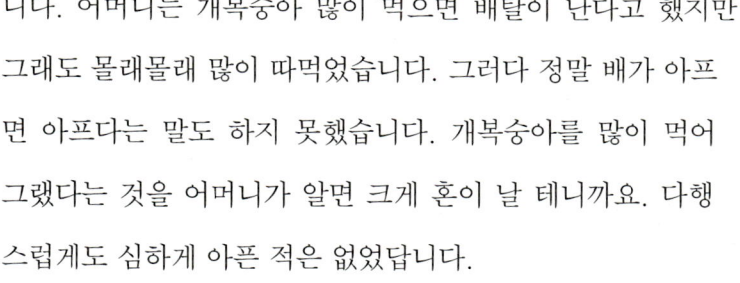

줄딸기

4. 내 정체가 궁금해?

🍃 꾀 많은 물의 요정

내가 다니던 학교에는 큰 연못이 하나 있었어요. 그 연못 한쪽에는 수련이 넓게 퍼져 자라고 있었지요. 친구들과 그 앞을 지나갈 때면 어김없이, "누구, 수련하고 연꽃을 어떻게 구별하는지 아는 사람?" 하고 질문을 하곤 했어요.

그러면 "글쎄, 잘 모르겠는데. 저게 연꽃 아냐? 물에 사는 거잖아." 하는 것이었어요.

"아니야. 저기 연못에 있는 것은 수련이라는 거야. 잘 봐라. 잎이 대부분 수면에 떠 있잖아."

"연꽃도 잎이 물에 떠 있는 거 아냐?"

"맞아, 연꽃도 잎이 물에 떠 있기는 해! 하지만 물 위에 떠 있는 잎은 몇 안 돼."

그러고는 땅바닥에 주저앉아 막대기로 그림을 그리며 어떻게 다른지 이야기해 주었어요.

"연꽃의 잎은 줄기가 수면 위로 많이 올라와 있어. 꽃도 꽃대가 수면에서 길게 올라와 달리거든. 저기 좀 봐! 쟤는 꽃이 거의 수면에 붙어 있지?"

"정말 그러네!"

"또 다른 점이 있는데 그건 열매 모양이 다르다는 거야. 연꽃의 열매는 욕실에서 쓰는 샤워기 꼭지를 닮았어. 수련은 그렇게 생기지 않았어. 그리고 우리가 먹는 연근이라는 것이 연꽃의 뿌리라는 건 알고 있지?"

"참! 너, 수련을 왜 수련이라고 하는지 알아?"

"……."

수련
Nymphaea tetragona
키 : 100cm
꽃 : 6~8월
연못이나 오래된 저수지 등에서 스스로 자라기도 하며
흔히 심어 가꾸는 여러해살이 물풀

연꽃
Nelumbo nucifera

키 : 100cm
꽃 : 7~8월
중부 이남에서 방죽이나 연못에 심는 여러해살이 물풀

"그건, 수련이 연꽃을 닮았는데 꽃이 피었을 때, 낮에는 꽃잎이 열리고 밤이 되면 꽃잎을 닫는대. 이렇게 며칠 동안 꽃잎을 열었다 닫았다 하는 거야. 이런 모양이 옛날 사람들이 보기에는 잠을 자는 것처럼 보였나 봐. 그래서 잠자는 연꽃이라는 뜻으로 睡(잘 수, 잠잘 수)자를 써서 수련이라고 하는 거래."

그런데 이런 이야기는 몇 번이고 되풀이되었어요. 친구들이 수련과 연꽃을 자꾸 혼동했거든요.

몇 해 전에 작고 귀엽게 생긴 수련 하나를 볼 기회가 있었어요. 바로 '각시수련'이었지요. 이 수련은 따뜻한 남부지방이 아닌, 좀 더 추운 우리 나라 북부지방의 연못에 살아요. 그래서 흔하게 볼 수 있는 것은 아니랍니다.

친구와 어느 연못에 갔을 때였어요.

"어! 저기 저거 뭐냐? 저기 하얗게 꽃이 피어 있는 거."

"어디? 그래 찾았다. 그런데 무지 작네. 모양은 수련하고 닮았는데……."

"혹시 저게 책에서 본 '각시수련'이라는 게 아닐까? 어떤 책에는 '애기수련'이라고도 되어 있는 거 말이야."

"맞아. 그런 거 같다. 야, 신기하다. 여기서 저걸 보다니!"

한동안 넋을 잃고 쳐다보았답니다.

그리고 그 다음 해에 각시수련의 꽃이 필 무렵 다시 찾아가 보았어요. 잘 살고 있는지 궁금했거든요. 연못 여기저기를 찾아보았어요. 지난번보다 더 많이 꽃을 피우고 있었답니다. 그런데 연못 한쪽에서는 공사를 하고 있었어요. 연못 한쪽을 메우고 건물을 짓고 있었답니다. 그곳에 살던 많은 식물들은 거의 남은 것이 없었어요. 파헤쳐져 땅바닥에 뒹굴고 있는 것도 보였답니다. 마음이 아팠어요. 점점 물가에 사는 식물들이 살 곳이 없어지는 것 같았거든요.

파헤쳐진 식물들 가운데 아직 살 수 있는 것을 골라 가져왔어요. 그리고 잘 심어 두었지요. 이 친구들 잘 살았을까요? 예, 잘 살았어요. 새로 잎도 나왔고 얼마 지나지 않아 꽃대를 물 위로 내밀더니 곧 꽃도 피었지요.

"어라! 이 녀석도 수련이라고 아침에는 꽃잎이 열리고 저녁이면 꽃잎이 닫히네."

그리고 며칠이 더 지난 어느 날이었어요.

"어, 꽃이 어디 갔지?"

그동안 보이던 꽃이 없어진 거였어요. 가까이 다가가 살펴보니 꽃잎을 닫고는 물에 잠겨 있는 것이었어요.

"근데 왜 물속으로 들어가는 거지?"

곰곰이 생각해 보았어요. '열매를 키우기에 물 밑이 더 좋다는 건가? 아니면…… 아하! 더 안전하다는 거구나!' 나중에 보니 열매는 물속 땅바닥에 닿아 있었답니다.

시간이 퍽 많이 지난 어느 날이었어요. 각시수련이 있는 곳에 뭔가가 떠 있는 것이었어요.

각시수련
Nymphaea tetragona var. minima

키 : 30~40cm
꽃 : 7~8월
늪과 못에서 매우 드물게 자라는 여러해살이풀

"이게 뭐지? 씨잖아."

 각시수련의 씨앗이 물에 떠 있는 것이에요. 그런데 이렇게 물 위에 떠오른 씨앗은 이틀이 지나자 온데간데없이 사라졌어요. 각시수련의 씨앗은 어디로 갔을까요? 열심히 찾아보았지요. 알고 보니 물속에 가라앉아 있는 것이었어요.

 참 신기하지요. 각시수련은 머리가 무척 좋은가 봐요. 열매는 안전한 물 속에서 키우고 씨앗은 물 위로 떠올라 연못 곳곳으로 퍼져가게 하잖아요. 또 웬만큼 퍼져 나갔을 만한 시간이 지나면 다시 물 속으로 가라앉게 해 두었으니까요.

혹시 물고기가 물에 떠 있는 씨앗을 먹어 버리기라도 하면 어떻게 하냐고요? 그건 각시수련이 바라는 바인 것 같은데요. 각시수련의 씨앗은 딱딱한 껍질에 쌓여 있어요. 그러니 물고기가 먹어도 문제가 없겠지요. 물고기가 배설을 하면 바로 연못 바닥에 가라앉게 되니까요.

내년에도 각시수련이 사는 곳에 가 봐야 할까 봐요. 무사히 한 해를 넘기고 잘 살아 있는지 걱정이 되거든요. 연못을 메우고 건물을 짓기라도 하는 날에는 큰일이겠지요?

🌿 네 진짜 이름은 뭐니?

아마도 중학교 때였을 거예요. 식물에 대해 관심이 많았지만 내가 가지고 있던 백과사전에는 몇 가지 식물이 그림과 함께 설명되어 있는 것이 다였어요. 그 가운데 낯익은 게 있었는데 이름이 제비꽃과 오랑캐꽃이라는 것이었어요. 서로 다른 모양으로 그림이 그려져 있었고 그 밑에 하나는 제비꽃, 다른 하나는 오랑캐꽃이라고 이름이 붙어 있었거든요. 내가 시골에 살 때 이 식물의 열매를 '새밥'이라고 해서, 열매를 따 입에 넣고는 오물오물 씹어 먹기도 했기에 금방 알아볼 수 있었답니다. 이런 이유로 대학에 들어가 식물을 공부하기 전까지 나는 당연히 제비꽃과 오랑캐꽃이 다른 꽃인 줄 알고 있었지요.

그런데 알고 보니 같은 식물인 거였어요. 제비꽃을 오랑캐꽃이라고도 하는 것이었지요. 이 이름 말고도 '앉은뱅이꽃', '반지꽃', '병아리꽃', '씨름꽃' 들이 있다는 것도 알게 되었어요.

제비꽃
Viola mandshurica

키 : 5~20cm
꽃 : 4~5월
밭둑이나 길가에 흔한 여러해살이풀

제비꽃이라는 이름은 따뜻한 남쪽으로 추위를 피해 날아간 제비가 돌아올 무렵에 꽃을 피우기 때문에 붙여진 이름이라고 해요.

또 가을에 거둬들인 곡식이 다 떨어져 먹을 것이 부족해질 무렵이면 북쪽의 오랑캐들이 식량을 빼앗기 위해 쳐들어 왔다고 해요. 이렇게 오랑캐가 쳐들어올 무렵에 피는 꽃이라고 해서 붙은 이름이 오랑캐꽃이랍니다. 거기다 제비꽃의 모양이 오랑캐의 머리 모양과 닮았기도 하고요.

앉은뱅이꽃이라는 이름은 키가 작기 때문에 붙은 것이에요.

병아리꽃이라는 이름은 햇볕이 따뜻한 양지쪽을 찾아다니는 병아리처럼 키가 작고, 햇볕이 따뜻한 곳에 모여 피기 때문에 붙은 이름이랍니다.

그럼 씨름꽃이라는 이름은 어떻게 해서 붙은 것일까요? 그건 아마도 이 꽃의 모양을 잘 살펴보면 알게 될 거예요. 제비꽃의 꽃대는 끝부분이 낚시 바늘처럼 둥글게 굽어 있답니다. 서로 하나씩 꽃을 따서 여기에 걸고는 잡아 당겨 꽃이 떨어지지 않고 견디는 쪽이 이기게 되는 것이지요. 이렇게 씨름을 한다고 해서 붙은 이름이랍니다.

곱게 핀 꽃을 씨름할 때처럼 고리를 걸어 손가락에 매어 주면 아주 예쁜 꽃반지가 된답니다. 그럼 왜 반지꽃이라는 이름이 붙었는지는 알겠지요?

그런데 이렇게 한 가지 식물을 놓고 서로 다르게 이름을 부르면 많이 혼란스러울 거예요. 어떤 사람은 제비꽃이라고 하고 또 어떤 사람은 오랑캐꽃이라고 하고……. 거기다 다른 나라 사람들은 그 나라 말로 이름을 붙여 두었을 거예요. 한 가지 예를 들어 보면 영어로는 제비꽃을 '바이올렛(Violet)'이라고 한답니다.

이처럼 같은 식물을 두고 서로 다르게 이름을 부를 때 생기는 혼란을 막기 위해 한 가지 약속을 해 두었어요. 세계적으로 공통된 이름인 '학명'으로 이름을 적도록 한 것이랍니다. 하지만 학명은 우리 말이 아니기 때문에 우리가 쉽게 쓸 수 없어요. 그래서 우리 나라에서는 식물학자들이 모여 각각의 식물에 이름을 정했답니다. 이것을 '국명'이라고 해요. 제비꽃, 오랑캐꽃, 앉은뱅이꽃, 반지꽃, 씨름꽃 등의 여러 이름으로 불리는 식물을 학자들이 모여, 앞으로는 '제비꽃'이라 하자고 약속한 것이지요. 이 때문에 오랑캐꽃, 앉은뱅이꽃, 반지꽃, 씨름꽃이라는 이름은 제비꽃의 별명이 되었답니다.

내가 공부한 대학의 풀밭에는 봄이면 제비꽃이 많이도 피었어요. 유심히 살펴보면 꽃의 모양이나 잎의 모양이 서로 다른 것을 볼 수 있었답니다.

'그럼 모두 같은 제비꽃이 아니라는 건데. 어느 것이 진짜 제비꽃이지?' 이런 의문이 생겼어요. 그래서 식물도감을 펴놓고는 하나하나 이름을 찾기 시작했지요. '아하, 이 녀석이 진짜 제비꽃이구나. 그럼 이 녀석은……. 오호라! 이 녀석이 바로 서울제비꽃이라는 것이네. 그럼 나머지 하나는, 호제비꽃이군. 그거 참 재미있는데.'

이런 일들이 계기가 되어 나는 제비꽃이라는 이름이 붙은 식물들에

특별한 관심을 갖게 되었어요. 제비꽃이라는 이름이 붙은 식물이 우리나라에 50가지가 넘는다는 것도 알게 되었답니다.

제비꽃은 보통 4~5월에 꽃이 피어요. 꽃에서는 좋은 향기가 날 뿐만 아니라 곤충들이 좋아하는 꿀도 많이 가지고 있답니다. 이렇게 곤충들의 도움으로 꽃가루받이를 마친 제비꽃은 곧 열매를 맺고 씨앗을 퍼뜨리게 되지요.

이렇게 봄철에 꽃을 피우고 열매를 맺는 제비꽃이 한여름이 지나

서울제비꽃
Viola seoulensis

키 : 5~20cm
꽃 : 4월
경기도와 서울 근처에서 주로 자라는 여러해살이풀

가을로 접어드는 때에 여러 개의 열매를 달고 있는 것을 본 적이 있답니다.

'어, 이상하다. 꽃이 핀 것이 언젠데 아직도 열매를 달고 있지? 이렇게 늦게 열매가 익나? 아니면 이 녀석만 유난히 늦게 꽃이 핀 것일까?'

주변의 다른 제비꽃들도 마찬가지로 포기마다 퍽 여러 개의 열매를 달고 있었어요.

호제비꽃
Viola yedoensis
키 : 5~20cm
꽃 : 4월
양지바른 풀밭에서 자라는 여러해살이풀

'어떻게 된 거지? 꽃은 하나도 보이지 않는데 열매만 달고 있네.'

제비꽃 한 포기를 골라 유심히 살펴보았답니다. 그러면서 봄철에 꽃이 필 때의 모양과 뭔가 다르다는 것을 알게 되었어요. 그것은 이제 막 자라기 시작한 꽃대에 꽃잎이 없다는 것이었어요. 그 대신 아직 덜 자란 열매가 달려 있는 것이에요.

'아니, 그러면 꽃도 피지 않았는데 열매를 만든다는 것인가?'

알고 보니 제비꽃은 꽃잎을 만들어 꽃을 피우지 않고도 열매를 만드는 능력이 있다는 것이었어요. 이런 꽃을 '닫힌 꽃(폐쇄화)'이라고 합니다. 이런 꽃은 꽃잎을 만들지도 않고, 곤충을 유혹하는 향기와 꿀도 만들지 않지요. 그 대신 가능한 한 많은 씨앗을 만들어 퍼뜨리는 데에만 모든 노력을 다하는 것이랍니다.

'그렇구나! 이렇게 자꾸자꾸 씨앗을 만들어 퍼뜨리니……. 흔하게 볼 수 있던 이유가 있었네.'

여기서 한 가지 의문이 내 머릿속에 생겼어요. '제비꽃은 왜 이렇게 두 가지 방법으로 씨앗을 만들어 퍼뜨리는 것일까?' 하는 것이었어요. 곰곰이 생각한 끝에 내가 생각해낸 답은 이런 것이었어요.

'제비꽃이 봄에 다른 꽃들처럼 꽃가루받이를 통해 열매를 만들고 씨앗을 퍼뜨리는 것은 자신이 가지고 있는 우수한 능력과 다른 꽃이 가지고 있는 우수한 능력을 함께 갖춘 후손을 만들기 위한 것이지. 이건 다른 식물과 다르지 않아. 그런데 제비꽃은 크기도 작은 데다 봄철에는 꽃가루를 옮겨 주는 곤충도 많지 않아. 그러니 꽃가루받이를 통해 자신의 우수한 능력을 다른 꽃에 전해 주거나 다른 꽃의 우수한 능력을 받아들여 후손을 만들기가 쉽지 않은 거야. 그렇지! 방법은 하나. 숫자를 늘리는 거야. 자신과 같은 능력을 가지고 있는 제비꽃의 숫자가 늘어나면 그만큼 확률이 높아지겠지. 그래서 봄철에 꽃을 피워 열매를 맺고 나면서부터 광합성을 통해 만든 양분을 꽃을 피우지 않고 씨앗을 만드는 데 쓰는 거구나!'

그런데 이런 능력을 제비꽃만 가지고 있냐고요? 아니랍니다. 제비꽃 말고도 몇 가지 우리 꽃에서 이런 능력이 있는 것을 볼 수 있답니다. 어떤 것이 있는지 궁금하다고요? 그러면 우리 꽃들과 친해지세요. 자연스럽게 식물들이 저마다 가지고 있는 숨겨진 능력을 알게 될 테니까요.

🌿 나는 백합이 아니야

어린 시절 나는 하얗게 꽃을 피우는 백합을 키우고 싶어 했어요. 한번은 막내 삼촌이 백합이라며 양파를 닮은 알뿌리를 가져다주었어요. 처음 새순이 나왔을 때는 영락없는 백합이었어요. 그런데 날이 갈수록 모양이 달라지는 거예요. 줄기에는 굵고 긴 털이 많았고 잎도 더 촘촘히 달렸어요. 키는 어른 키만큼 자라더니 그 끝에 꽃봉오리가 달렸답니다. 무더운 여름이 되면서 꽃이 피었는데 기대한 것과는 달리 짙은 주황빛에 꽃잎에는 검은 반점이 있는 것이었어요. 크게 실망한 것으로 기억해요.

참나리
Lilium lancifolium

키 : 1~2m
꽃 : 7~8월
개울가와 바닷가 바위틈에서 자라며
심어 가꾸기도 하는 여러해살이풀

나중에 우리 꽃을 공부하면서 이 꽃이 '참나리'라는 것을 알게 되었어요. 우리 나라에서 아주 흔하게 볼 수 있는 꽃이라는 거예요. 참나리의 신기한 점은 줄기에 검게 생긴 주아(비늘눈 또는 구슬눈)라는 게 달린다는 거예요. 줄기에 잎이 달리는 부분에 이것이 달리는데 처음에는 깨알처럼 작아요. 나중에는 콩알만큼 커지지요. 그런 다음 저절로 땅에 떨어졌어요. 이듬해에는 이렇게 떨어진 것에서 새로 어린 참나리가 자랐답니다. 참나리는 씨앗이 아닌 주아로 번식을 하는 것이었지요.

그러면 참나리는 씨앗을 만들지 않을까요? 참나리는 씨앗을 만들 수 있는 능력이 없는 것이 많아요. 아마도 주아를 만들 수 있기 때문에 그런가 봐요. 그렇지만 일부 참나리는 씨앗을 만들기도 한다고 해요.

이 참나리 말고도 우리 나라에는 여러 가지 나리가 있어요. 또 우리 나라의 나리꽃이 새로운 품종을 만드는 데 좋은 재료가 된다는 거예요. 그래서 다른 나라 사람들이 많이 탐을 낸다고 해요. 이런 이야기를 듣고 나니 괜히 기분이 좋았어요.

"이 친구들이 이렇게 중요하단 말이지!"

이제는 이 친구들의 아름다움을 새롭게 보게 되었답니다.

우리 나리꽃을 관찰하면서 참 재미있는 모습 몇 가지를 본 적이 있어요. 어떤 것이었는지 한번 들어 봐요.

깊은 산의 숲속에서는 멧돼지가 식물의 뿌리를 캐어 먹으려고 땅을 파헤쳐 놓은 것을 흔하게 볼 수 있어요. 한번은 대관령에서 선자령으로 우리 꽃 탐사를 할 때였어요. 길이 숲으로 접어들자 멧돼지가 파헤

말나리

Lilium distichum

키 : 80cm
꽃 : 7월
깊은 산 나무숲에서 자라는 여러해살이풀

말나리잎　　　　　　　　　말나리 비늘줄기

쳐 놓은 곳이 여럿 보였어요.

"녀석들 많이도 파헤쳐 놓았네. 근데 도대체 뭘 먹으려고 이랬지?"

"여기 좀 봐! 혹시 이거 먹으려고 한 건 아닐까?"

"뭔데. 이거 말나리 비늘줄기잖아. 그런데 왜 이렇게 다 떨어져 있지? 이건 멧돼지가 먹지 못했나 보네."

이런 일이 있고 얼마 지나지 않았을 때 말나리를 캐어 볼 일이 있었어요. 그런데 다른 나리의 비늘줄기(짧은 줄기 둘레에, 많은 양분을 저장하여 비대하진 잎이 빽빽하게 자라서 된 땅속줄기)와는 달리 말나리의 비늘줄기는 여러 개의 마디(관절)로 이루어져 있고 만지면 아주 쉽게, 마치 부서지는 것처럼 떨어지는 것이었어요. 이 때문에 아주 조심스럽게 다루어야 했답니다.

이렇게 떨어진 비늘줄기는 어떻게 되는지 궁금하다고요? 떨어진 비늘줄기는 어린 말나리로 자라나게 된답니다. 말나리의 비늘줄기를 하나하나 잘라 심으면 모두 새로운 말나리로 자라는 거지요.

이때 이런 생각이 들었어요.

'이 친구들 봐라! 이런 방법으로 살아남겠다는 것이군. 멧돼지가 땅을 파헤쳐서 비늘줄기를 먹지만 멧돼지는 땅을 조심스럽게 파헤치는 것이 아니다 이거지. 그러니 비늘줄기가 많이 떨어져 나갈 것이고……. 떨어져 나간 비늘줄기는 새로 싹을 내고 자라면 되는 거고…….'

말나리가 멧돼지의 공격을 지혜롭게 이겨 내는 방법, 재미있지 않나요? 자신의 일부는 멧돼지에게 먹히더라도 이 과정에서 떨어진 비늘줄기는 살아서 다시 자라는 거지요. 떨어져 새로 자라게 되는 비늘줄기가 여러 개가 되니까 말나리에게는 손해만 되는 것은 아닐 거예요.

말나리보다 더 재미있는 모양을 하고 있는 나리꽃이 있어요. 이름은 '중나리'라고 한답니다. 모양은 참나리와 많이 닮았지만, 몸에 털이 참나리만큼 많지는 않아요. 무엇보다 참나리처럼 주아를 만들지 않으니 쉽게 구별할 수 있어요.

봄철에 이 중나리를 옮겨 심을 일이 있었어요. 땅 위로 뾰족하게 나온 순을 중심으로 흙을 파내려 갔지요. 그런데 줄기가 갑자기 'ㄴ'자

중나리
Lilium leichtlinii var. maximowiczii
키 : 1m
꽃 : 7~8월
볕이 잘 드는 산속 풀숲에서 아주 드물게 자라는
여러해살이풀

로 굽어 있는 거였어요. 다시 줄기를 따라 흙을 걷어 냈지요. 그랬더니 한 10cm 정도 떨어진 곳에 중나리의 비늘줄기가 있었어요. 땅 표면에서 그리 깊지 않은 곳이었지요. 다른 나리꽃에 견주어 많이 땅 표면 가까이에 있는 것이었어요. 혹시 이것 하나만 그런 것 아니냐고요? 다른 중나리도 이런 모양을 하고 있었답니다.

　이런 모양을 보고 내가 생각한 것은 '이 친구들이 속임수를 쓰는구나!' 하는 것이었어요. 이런 일이 있고 나서 이번에는 중나리의 꽃이 지고 씨앗이 익을 무렵에 중나리의 땅속을 파볼 일이 있었어요. 그런데 정말 놀라운 것을 보게 되었지 뭐예요. 중나리가 땅속에서 'ㄴ'자로 굽은 곳에 여남은 개의 주아를 만들어 달고 있는 것이었어요. 참나리가 줄기의 잎겨드랑이에 주아를 만드는 것과는 달리 중나리는 땅속에

중나리 비늘줄기

주아를 만드는 것이었어요.

'아하! 이런 방법도 있군. 그러니까 땅속에 주아를 만들어 두면 다른 동물들이 쉽게 주아를 먹지 못한다 이거네. 그리고 무엇보다 멧돼지 같은 동물이 비늘줄기를 파먹게 되더라도 아직 크기가 작은 주아는 남아 새로 자라게 되는 것이고……'

중나리의 이런 신기한 재주 때문일까요. 내가 살고 있는 대관령 곳곳에서는 중나리가 무리를 지어 꽃을 피우고 있는 모습을 자주 볼 수 있답니다.

중나리 말고도 우리 나라 중부 이남에서 쉽게 볼 수 없는 '날개하늘나리'라는 식물이 있는데 이 친구도 중나리처럼 땅속에 주아를 만들어 번식을 하고 멧돼지의 공격으로부터 살아남아 자라고 있답니다. 태백산, 오대산, 설악산에서……

풀꽃 삼촌의 어린 시절 이야기

🍃 가을에 놀기 🍃

　마당에 고추잠자리가 무리지어 날아다니기 시작하면서 농촌의 가을이 시작됩니다. 나는 철사로 둥근 고리를 만든 다음, 비닐봉지를 둘러 꿰매 긴 막대기에 단 잠자리채를 만들었습니다. 비닐봉지가 없으면 싸리나무 가지로 둥근 고리를 만들고 거미줄을 붙였지요. 이렇게 하면 잠자리는 잘 잡혔지만 잠자리를 뗄 때마다 구멍이 생겨 거미줄을 다시 붙여야만 했답니다.

　이 무렵이면 밤나무마다 밤송이가 한가득 달렸고, 아람이 벌어진 밤알이 하나둘씩 땅바닥을 뒹굴었습니다. 집 주변의 밤나무를 차례로 돌며 알밤을 줍다 보면 바지 주머니가 불룩해졌고, 밤을 까먹느라 손톱은 검게 물들었답니다. 어머니는 밤을 많이 주워 오라고 못 쓰는 천으로 큰 주머니를 만들어 주었습니다. 내가 주운 밤은 항아리에 보관했다 장날에 내다 팔았는데, 그 돈은 중학교 갈 때 쓴다고 했지요.

　알밤은 이른 새벽에 나가야 많이 주울 수 있는데 어린 나는 그 시간에 일어나는 것이 정말 힘들었습니다. 어머니가 몇 번을 깨워야 겨우 졸린 눈을 비벼며 밤나무 아래로 나갔답니다. 아람 벌어진 밤송이가 많아졌다 싶으면 어른들은 장대로 밤을 털었습니다. 나무 아래는 풀을 말끔하게 깎고 때로는 큰 멍석을 깔기도 했습니다. 사람들은 떨어지는 밤송이에 맞지 않으려고 멀찌감치 떨어져 있었습니다. 밤송이 털기가 끝나면 알밤은 줍고 아직 벌어지지 않은 것은 뒤뜰에 쌓아 거적을 덮어 두었습니다. 이렇게 하면 밤송이가 물러 알밤을 쉽게 벗겨낼 수 있었답니다.

　우리 밭 주변에는 밤송이가 아주 늦게 익는 큰 밤나무 한 그루가 있었습니다. 다른 밤을 다 따고도 한참 뒤, 겨울이 시작되는 첫서리가 내린 뒤에야 익어서 '서리밤'이라고 하였지요. 집에서는 서리밤을 항아

리에 넣어 마당에 묻었습니다. 밤벌레가 생기지 않아 정월 보름 무렵에 꺼내 친척들과 나눠먹을 수 있었습니다. 지금 생각해도 서리밤에 벌레가 생기지 않은 것은 신기합니다. 아마도 다른 밤나무보다 훨씬 늦게 꽃피우기 때문에 곤충들이 알을 낳지 않아서인 것 같습니다.

밭 가장자리에는 감나무가 여러 그루 있었습니다. 가지 끝에 매달린 홍시를 땄는데 감나무는 다른 것만큼 가지가 튼튼하지 못해 잘 부러졌답니다. 때문에 홍시만 생각하고 올라가다 가지가 부러져 땅으로 떨어지기도 했지요. 다행히 감나무가 높지 않았고 아래에는 풀숲이 있어 크게 다친 적은 없었습니다.

밭 가운데에는 오래된 돌담이 둥글게 서 있었는데 그 위로 으름 덩굴이 무성했습니다. 잎을 헤치고 덤불 아래쪽을 살펴보면 으름 열매가 마치 바나나처럼 달려 있었습니다. 가운데가 갈라져 속살이 보이는 것은 달콤하면서도 특별한 맛이 났습니다. 덜 익은 열매를 집에 걸어 놓으면 며칠이 지나지 않아 가운데가 쩍 갈라졌답니다.

밭으로 이어지는 오솔길에는 키 작은 풀이 많이 나 있었는데 어른들은 뱀이 많이 나온다고 했습니다. 한번은 발 아래로 시꺼먼 뱀이 스스슥 지나가는 것을 보았습니다. 얼마나 겁이 나던지 뛰어서 도망쳤고 그 뒤로는 긴 막대기를 들고 풀을 툭툭 치면서 다녔습니다. 그 길을 지나면 길가에 앉아 쉬기도 했는데, '끄령'(그령)이라는 식물이 방석처럼 자라고 있었습니다. 사람들에게 무수히 밟히면서도 잘 자랐지요. 끄령 잎을 묶어 덫을 만들기도 했는데 눈에 잘 띄어 사람들 발에 걸리는 경우는 거의 없었습니다. 그런데 아버지 심부름으로 급하게 뛰어가던 길에 끄령 덫에 걸려 심하게 넘어졌습니다. 누가 이런 것을 만들어 놓았냐며 씩씩거리다 생각하니 며칠 전에 바로 내가 만든 것이었답니다. 그 뒤로는 절대로 길에 덫을 만들지 않았습니다.

　밖에서 놀다 넘어져 무릎이 깨지고 손에 흙이 묻으면, 덩굴이 뻗은 어느 식물의 잎으로 물로 비벼 가며 닦았습니다. 그러면 비누처럼 거품이 났고 때도 잘 지워졌답니다. '비누풀'이라고 부른 이것은 '사위질빵'입니다. 그 이름에는 재미있는 옛이야기가 전한답니다.

　고구려시대부터 조선시대 초기까지 결혼을 한 남자는 일정 기간 동안 처가에 머물면서 일을 도왔다고 합니다. 사위가 무척 마음에 든 어느 장모는 날마다 힘들게 일하는 사위가 안타까웠습니다. 사위가 뒷산으로 땔나무를 하러 간 어느 날, 장모는 다른 사람들의 짐은 질긴 칡덩굴로, 사위는 질기지 않아 잘 끊어지는 이 식물의 줄기로 묶었습니다. 땔나무를 묶은 줄기가 자꾸 끊어져서 사위는 짐을 조금씩 덜어야 했고, 산에서 내려왔을 때는 다른 사람의 절반도 안 되게 가벼워졌습니다. 그 뒤로 사위에 대한 장모의 사랑이 담긴 이 식물을 '사위질빵'이라고 부르게 되었다고 합니다.

사위질빵
Clematis apiifolia

키 : 2-3m
꽃 : 7~8월
양지바른 개울가나 산기슭에서 자라는
잎지는덩굴나무

    가을이면 어른들은 농사일로 무척 바빠서 어린 나도 일손을 도왔습니다. 벼를 베는 날에는 할아버지와 아버지를 따라갔는데 할아버지는 내가 쓰던 작은 낫이 잘 들도록 갈아 주었습니다. 물론 손 베이지 않게 조심하라는 말도 잊지 않았지요. 벼를 베다 싫증이 나면 볏단을 나르거나 막걸리를 받아 왔습니다.

    가을이면 넓은 마당은 고추를 말리고 들깨와 콩을 터는 장소가 되었습니다. 해질 무렵 마당에 널어놓은 고추 걷기는 내 차지라 한참 놀다가 투덜거리며 집으로 돌아오곤 했습니다.

다래
Actinidia arguta var. arguta
키 : 10m
꽃 : 5-6월
산골짜기에서 흔하게 자라는 잎지는덩굴나무

   집 앞 큰길에는 옆집에서 심은 대추나무가 있었습니다. 빨갛게 익은 대추는 어린 내 눈에도 맛있어 보였습니다. 가끔 먹고 싶은 마음을 참지 못하고 몇 개 슬쩍 따먹다가 쐐기벌레에 쏘이면 한동안 눈물이 날 정도로 쓰리고 아팠답니다. 그림의 떡인 대추나무를 지나 논두렁을 따라가면 징검다리가 놓인 큰 개울이 나왔습니다. 그 너머에는 앞산으로 이어진 밭길이 있었습니다. 그 산 중턱에는 커다란 바위가 있었는데 동네에서는 '바당바위'라 불렀습니다. 아마도 바위 위가 넓고 평평해서 그런 것 같습니다. 바위 옆에는 나무를 감고 오른 오래된 다래나무가 있었는데 잘 익은 다래는 무척 달고 맛있었습니다. 요즘 많이 먹는 키위(참다래)와 비슷했지요. 덜 익은 것은 집에 가져왔는데, 시간이 지나면 저절로 익었습니다. 다래를 너무 많이 먹어 혀끝이 갈라지던 기억도 납니다.

    다래가 익을 때면 포도를 닮은 머루도 까맣게 익었습니다. 머루를 따려면 더 깊은 산으로 들어가야 했는데 어린 나는 엄두도 낼 수 없었습니다. 가끔 할아버지를 따라 산에 가거나 할머니를 따라 도토리를 주우러 갈 때 찾아보았지만 다른 사람들이 모두 따간 뒤였지요. 대신 운 좋게 보리수나무를 만나면 빨갛게 익은 열매를 가지째 꺾어서 따먹었습니다. 지금도 입안에 침이 가득 고일 정도로 시고 달았는데, 딱딱한 씨를 뱉지 않고 그냥 삼키며 먹었습니다. 그러면 어른들은 배꼽에서 씨가 자란다고 놀렸는데 정말일까 걱정하면서도 먹는 것을 멈추지는 않았답니다.

5. 왜 그럴까?

🌿 왜 밤에 꽃을 피울까?

내가 중학교 때부터 키우던 식물이 있었어요. 고향에 다니러 갔을 때 고향 친구 집에서 얻어온 것이었지요. 이름은 옥잠화(玉簪花)라고 해요. 옥잠화라는 이름으로 불리게 된 것은 아마도 이 식물의 꽃 모양 때문인 것 같아요. 꽃잎이 벌어지지 않았을 때의 모양이 마치 옥으로 만든 비녀를 닮았답니다. 이때는 흰 옥비녀를 닮았다고 해야 할 거예요. 그런데 꽃이 지고 나면 손가락처럼 가늘고 긴 열매가 달려요. 어찌 보면 이 열매도 시골에서 할머니가 쓰던 비녀를 닮았어요. 이번에는 녹색의 옥비녀처럼 보인답니다.

서울에서 내가 키우던 옥잠화는 잘 자라지 못했어요. 처음에는 이사 오느라 고생해서 그런 줄 알았지요. 그런데 이듬해에도 잎이 말라가고 제대로 자라지 못했답니다.

"옥잠화가 왜 이럴까요? 시골에서는 잘 자라던데."

아버지께 여쭈어 보았지요.

"글쎄다. 화분이 작아서 그런 건 아닐까?"

그래서 집에서 가장 큰 화분을 골라 거기에 다시 심었답니다. 그랬더니 전보다는 좀더 잘 자라는 것 같았어요. 하지만 여전히 잎 끝이 노랗게 타들어 가고 꽃도 피지 않는 것이었어요.

'이상도 하지. 내가 신경을 안 쓴 것도 아닌데. 잎은 왜 자꾸 타들

옥잠화
Hosta plantaginea

키 : 40~55cm
꽃 : 7~8월
꽃밭에 심는 여러해살이풀

어 가는 거야.'

이렇게 곰곰이 생각에 잠겨 있을 때 아버지께서 지나가는 말로 한마디 하셨어요.

"서울의 공기가 정말 나쁜가 보다. 식물도 제대로 자라지를 못하니."

이 이야기를 듣고는 정말 그럴 수 있다는 생각이 들었어요. 내가 살던 집에서 멀지 않은 곳에 큰 공단이 있었거든요. 어떤 때는 비를 맞고 난 다음 더 잎이 타들어 가는 것을 보기도 했으니까요.

이렇게 고생하던 옥잠화가 서울로 옮겨 온 지 10년쯤 지나서 꽃이 피었어요. 아직도 잎이 조금씩 타들어 가기는 하지만 더 큰 화분에 좋은 흙을 구해 심고는 햇볕이 적당하게 드는 곳에 자리를 잡아 둔 뒤부터였답니다.

길게 뻗은 꽃대에서 드디어 하얀 꽃봉오리가 잔뜩 부푼 것을 보고는 '내일이면 꽃이 핀 것을 볼 수 있겠는데……' 했답니다. 그리고 다음 날 아침이 되었어요. 옥잠화의 꽃이 활짝 피어 있을 거라는 생각으로 옥상으로 올라가 보았지요. 그런데 내 기대와는 달리 이미 꽃잎을 닫고 시들기 시작한 것이었어요.

"이럴 수가! 너무하지 않니? 내가 얼마나 기다렸는데, 어떻게 된 거야?"

이렇게 중얼거렸어요. 그랬더니 옥잠화가 뭐라고 대답하는지 들리는 것 같았답니다.

"뭐! 네가 잘 몰라서 그런 거지. 난 낮에 꽃을 피우지 않아. 네가 어제 본 꽃은 해질 무렵에 활짝 피었지. 밤 동안 피었다가 아침이 되면서 꽃잎을 닫고 시들기 시작한 거야. 이따 저녁에 해가 지면 나와 봐. 지금 잔뜩 꽃봉오리가 부풀기 시작하였으니 활짝 꽃을 피운 것을 볼 수 있을 테니까!"

결국 나는 해가 지고 나서 손전등을 들고는 옥상으로 올라가야만 했어요. 옥잠화의 꽃이 핀 것을 봐야 했으니까요.

"정말이네! 근데 넌 왜 사람들이 봐주지도 않는 밤에 꽃을 피우니? 밤에는 꽃가루를 옮겨 주는 벌이나 나비도 없는데."

"넌 하나만 알고 둘은 모르는구나? 꽃가루는 벌이나 나비만이 옮겨 주는 것이 아니라고. 많은 곤충들이 꽃가루를 옮겨 주는 수고를 하지. 그 중에는 낮 동안에 활동하는 곤충들도 있지만 밤에 활동하는 곤충들도 만만치 않게 많다고. 밤에 많이 움직이는 곤충에는 어떤 것이 있지? 그래. 바로 나방이 그 대표적인 곤충이라고."

"그렇구나. 그래서 네가 밤에 꽃을 피우고 있어도 꽃가루받이를 할 수 있는 것이구나."

"그렇지. 사실 내가 꽃을 피우는 때는 밤에 활동하는 곤충이 많을 때거든."

"그래도 곤충들이 널 찾지 못하면 어떻게 해. 어두워서 어디 있는지 잘 보이지 않으면 못 찾을 수도 있잖아?"

"그래. 네 말이 맞아. 그래서 꽃을 크게 만든 거야. 꽃 색도 흰빛으로 하고. 그러면 달빛만으로도 내가 있는 곳을 쉽게 찾을 수 있을 테니까. 하지만 그것만으로는 부족해. 그래서 한 가지 더 준비를 해 두었지. 내 꽃에 코를 대고 냄새를 맡아 봐!"

"어디……. 와, 향기 좋다! 어디서 자꾸 좋은 냄새가 난다 했더니 바로 네 냄새였구나!"

"바로 그거야. 이런 냄새라면 안 찾아올 곤충이 없겠지. 이렇게 진하게 향기를 내고 있는데 그냥 지나칠 수는 없을 거야!"

"그렇지만 하룻밤 동안만 피어 있으면 좀 짧지 않을까?"

"뭐, 좀 짧기는 하지만 그래도 거의 꽃가루받이에 성공하니까 문제는 없어. 거기다 하루에 한두 개씩 자꾸 꽃을 피우니까 걱정 안 해도 될 거야. 나중에 내가 만든 열매를 봐."

정말 얼마 지나지 않아서 옥잠화에 몇 개의 열매가 달렸답니다. 또 한참이 지나자 옥잠화의 열매가 익어 벌어지기 시작했지요. 그 안에는 까만 씨앗이 수백 개는 들어 있었어요. 씨앗에는 바람을 타고 멀리까지 날아갈 수 있도록 날개가 달려 있었답니다. 하지만 내가 키우던 옥잠화의 씨앗은 멀리 날아가도 소용이 없었어요. 멀리 날아가 닿은 곳은 거의 대부분 시멘트와 아스팔트로 포장된 곳이기 때문이랍니다. 겨우 자리를 잡을 수 있는 곳이 근처에 놓아둔 화분이나 조금 더 멀리 떨어져 있는 작은 화단이 전부였으니까요.

이듬해 봄 나는 조금 떨어져 있는 화분에서 싹을 내밀고 자라는 세 개의 옥잠화 싹을 발견했답니다.

🌱 왜 털옷을 입었을까?

"어라! 털이 뽀송뽀송하네. 넌 원래 털이 많지 않았잖아?"

"맞아. 네가 날 심었으니까 잘 알겠지만, 싹이 나서 자랄 때는 털이 없어. 하지만 지금은 털이 아주 많이 필요하다고."

"아하! 너 겨울 추위를 이기기 위해 털을 만들었지? 그 전에 있던 잎은 모두 거두고 새로 잎을 내는가 싶었는데, 손톱만 하게 잎을 내고는 온통 털로 감싸고 있는 것을 보니 그런 것 같아."

"야, 이 친구 관찰력이 좋은데! 이것이 내가 겨울을 나기 위해 만반의 준비를 하는 모습이야. 어때, 좀 따뜻해 보이니?"

"털이 뽀송뽀송한 것이 따뜻해 보이기는 한데, 그것만으로 겨울을 견뎌낼 수 있을까? 내 생각에는 땅속 깊은 곳에 들어가 있는 것이 더 따뜻할 것 같은데."

"그렇지. 그러면 겨울을 따뜻하게 보낼 수 있겠지. 하지만 너도 잘 알잖아. 우리가 사는 곳은 땅속 깊이 뿌리를 내릴 수 있는 곳이 아니야. 주로 흙이 깊지 않은 곳에서 살아. 그렇기 때문에 우리 모양이 이런 조건에 살기 적당하게 적응한 거라고."

"맞다. 이제 보니까 너희는 조금은 척박한 곳에 많이 모여 살더라. 비가 오지 않을 때는 거의 말라죽은 것처럼 보이기도 하던데. 나중에 비가 내리고 나서 보면 다시 새 잎을 내고 있었어. 참 대단하다는 생각이 들었거든."

"물론 비가 오랫동안 오지 않을 때도 정말 견디기 힘들어. 하지만 더 견디기 힘든 때가 있어. 그게 언제냐 하면, 바로 한겨울이야."

"그렇지. 한겨울이면 추위가 대단하니까 정말 견디기 어려울 거야."

"추위도 추위지만 더 심각한 문제가 있어. 잘 들어봐! 겨울 동안에는 춥기 때문에 내 줄기나 뿌리가 제대로 기능을 하지 못한다고. 겨우 얼어 죽지 않으려고 참고 견디는 중이지. 그렇기 때문에 뿌리에서 물을 충분히 빨아올리지도 못하고 줄기에서도 물을 잎으로 잘 보내지 못해."

"그게 무슨 문제가 있나. 크게 문제되지 않을 것 같은데?"

산솜다리
Leontopodium leiolepis
키 : 15~25cm
꽃 : 4~7월
설악산 바위틈에서 아주 드물게 자라는 여러해살이풀

"아니야! 문제가 아주 심각해. 추위도 이겨내야 하는데 거기다가 몸의 수분이 마르지 않게도 해야 하는 거지. 겨울에 부는 바람이 얼마나 건조한지 모르지? 겨울철과 이른 봄에 부는 바람은 많이 건조해. 이런 건조한 바람 때문에 어렵게 추운 겨울을 이겨내던 식물들이 말라죽는 경우가 많은 거라고. 특히 눈이나 비가 많이 오지 않은 해에는 더 심해."

"어휴! 그러면 겨울 동안에 얼어 죽지 않도록 준비를 해야 하고, 또 건조한 바람 때문에 말라 죽지 않도록 준비도 해야 하는 거네."

"그렇지! 식물들은 겨울 동안에 추위와 더불어 건조한 바람과도 싸워야 하는 거야. 하지만 우린 걱정 없어. 준비를 해 두었거든."

"뭐 특별한 비법이라도 있는가 보네. 내가 보기에는 몸에 털을 잔뜩 만들어 따뜻하게 준비한 것밖에 없는 것 같은데."

"바로 그거야! 몸에 털을 잔뜩 만들어 감싸고 있는 것. 내가 아까 이야기했지. 이것이 내가 겨울을 나기 위해 만반의 준비를 하고 있는 거라고. 사실은 이 털은 추위를 견디기 위한 역할도 하지만 더 큰 역할은 바로 몸의 수분이 몸 밖으로 빠져나가는 것을 막아주기도 한다는 거야."

"거참, 신기하네. 어떻게 털이 몸의 수분이 마르는 것을 막아 준다는 거지?"

"잘 생각해 봐! 잎 표면에 털이 없고 그냥 매끈하다면, 바람이 불 때마다 잎 표면에 있는 수분이 금방 마르겠지. 특히 우리가 숨을 쉬기 위해 기공을 열기라도 하면 수분이 더 빨리 마르게 될 거야. 그런데 잎에 털이 많이 나 있으면 어떨까? 바람이 불더라도 잎에 있는 털 때문에 바람의 영향이 직접 잎 표면에 미치지 않게 되는 거야. 이 때문에 수분이 몸 밖으로 아주 천천히 빠져나가게 되는 거지."

"그렇구나. 털이 있는 것하고 없는 것하고 그런 차이가 있는지는 몰랐는데."

"바람이 불지 않을 때도 마찬가지야. 내 몸의 수분이 몸 밖으로 빠져나가는 것은 몸 안의 수분 농도와 몸 밖의 수분 농도 차이 때문이야. 몸 밖이 건조하니까 몸 안의 수분이 몸 밖으로 빠져나가는 거거든. 그런데 이때 몸 안과 몸 밖의 농도 차이가 크면 클수록 수분이 더 빨리 빠져나가는 거야. 하지만 털이 있으면 털 사이사이에 습기가 있는 공기가 머물면서 농도 차이를 줄여주지. 이 때문에 몸 안의 수분이 좀 더 천천히 몸 밖으로 빠져나가는 거라고. 어때 내가 만든 털의 역할이 정말 중요하지?"

"정말 중요하네! 그러고 보니까 여러 식물들이 겨울 동안에 몸에 털을 만드는 것 같은데 모두 같은 이유가 있는 거네."

"맞아! 너도 잘 알겠지만 높은 산에 사는 식물들 중에는 몸을 온통 털로 덮은 식물들이 많아. 이 식물들이 몸을 온통 털로 덮은 까닭도 같은 거라고. 물론 높은 산은 여름이 짧고 보통은 기온이 낮기 때문에 몸을 따뜻하게 하는 역할도 하고."

식물이 털을 만들어 몸에 달고 있는 까닭은 여러 가지가 있답니다.

이 친구들은 추위를 이기고 또 몸의 수분이 몸 밖으로 빠져나가는 것을 막기 위해 특별히 겨울 동안에만 털을 만들어 덮고 있답니다. 그런데 이 식물 친구가 누구냐고요? 이 식물의 이름은 '산구절초'라고 해요. 우리 나라의 산과 들에서 많이 볼 수 있답니다.

산구절초도 봄에 씨앗을 심으면 그 해 가을에는 꽃이 피지 않아요. 겨울이 지나고 이듬해 가을이 되어서야 꽃이 핀답니다. 산구절초의 꽃은 수백 개의 꽃이 모여 한 송이의 꽃 모양을 만드는 꽃차례(꽃이 줄기나 가지에 붙어 있는 상태)를 만들어요. 거기다 이런 꽃이 무리를 지어 핀답니다. 그건 이 친구들이 무리 지어 살기를 좋아하기 때문이랍니다. 산구절초는 많은 가지가 갈라져서 자랄 뿐만 아니라 땅속으로 뻗는 줄기가 있어서 주변으로 많이 퍼져 나가거든요. 그렇기 때문에 흔히 무리를 지어 사는 것을 보게 되는 거예요. 또 이렇게 무리를 지어 살면 좋은 점이 있기도 하답니다. 어떤 좋은 점이 있을까요?

"우리가 무리를 지어 자라는 데는 다 이유가 있지. 우선은 우리가 모여 사는 곳에 다른 식물들이 쳐들어오지 못하게 하는 데 목적이 있어. 우리가 빽빽하게 자리를 잡고 자라면 다른 식물들이 들어와 살기가 쉽지 않거든. 그러면서 주변으로 조금씩 자리를 넓혀 가는 거야. 그런데 이렇게 무리를 지어 살면서 얻는 가장 큰 장점은 따로 있어. 그건 말이야, 꽃가루를 옮겨 주는 곤충들을 많이 불러 모을 수 있다는 거야. 생각해 봐. 곤충들도 한 송이씩 드문드문 떨어져 있는 꽃보다는 많은 꽃이 모여 있는 곳을 찾을 거라고. 이런 곳에서는 멀리까지 옮겨 다니

산구절초
Chrysanthemum zawadskii

키 : 10~60cm
꽃 : 9~10월
높은 산에서 자라는 여러해살이풀

지 않고도 많은 꿀과 꽃가루를 따 모을 수 있을 테니까. 당연히 많은 꽃이 무리를 지어 피어 있는 곳으로 곤충들이 모여들겠지. 무리를 지어 꽃을 피우는 것이 꽃가루를 옮겨 주는 곤충을 불러들이기에 더 유리하다는 거지. 어때, 우리의 전략이?"

나는 겨울이 시작되면 '올 겨울에는 눈이 많이 와야 하는데…….' 한답니다. 눈이 많이 오면 추운 겨울을 견뎌내야 하는 우리 꽃들이 눈이불을 덮고 덜 춥게 겨울을 보낼 수 있기 때문이거든요. 거기다 겨울을 나는 식물들이 건조한 겨울바람에 말라 죽는 일도 없을 것이기 때문이랍니다.

"올 겨울에도 눈이 자주 내렸으면 좋겠다!"

산구절초 겨울나기

🍃 추운 겨울도 꼭 필요해!

이번에는 내가 우리 꽃을 키우면서 경험한 것 몇 가지를 이야기하려고 해요. 어떤 이야기냐 하면 우리 풀꽃들에게는 겨울이 필요하다는 것이에요.

내가 처음 '하늘매발톱꽃'이라는 식물을 키울 때 있던 일이었어요. 막 꽃이 피기 시작한 것을 가져다 키웠어요. 한 일주일 정도 날마다 꽃을 보며 즐거워했답니다. 그러던 어느 날부터 꽃이 하늘을 보며 곧게 서더니 곧 꽃잎이 떨어지는 것이었어요.

"아하! 이 녀석은 꽃가루받이가 끝나면 꽃을 하늘로 향하고 꽃을 떨어뜨리나 보네. 혹시 그래서 하늘매발톱꽃인가?"

하지만 알고 보니 매발톱꽃들의 이름은 꽃의 빛깔로 구별한다는 거예요. 하늘매발톱꽃은 꽃잎의 빛깔이 파란 하늘색이라서 하늘매발톱꽃이라고 한다고 해요.

꽃이 지고 나서 한 한 달쯤 지나자 열매가 익기 시작했어요. 열매 안에는 깨알 같은 크기의 까만 씨앗이 들어 있었답니다. 나는 씨앗 하나라도 다른 곳에 떨어질까 조심스럽게 열매를 따서 씨앗을 챙겨 두었답니다. 내년 봄에 심어 볼 생각이었거든요. 그러다가 문득 아직은 늦은 봄이니까 씨앗을 심어서 키워도 될 것 같다는 생각이 들었지요.

그래서 씨앗 몇 개를 꺼내 자리를 만들고 심어 보았답니다. 씨앗을 심은 지 보름쯤 지나자 예쁜 싹이 나온 것을 볼 수 있었어요. 작은 떡잎 사이로 새 잎이 두어 개 나왔을 때는 작은 화분에 하나씩 옮겨 심어

하늘매발톱
Aquilegia japonica

키 : 30cm
꽃 : 7~8월
높은 산의 풀밭이나 바위 많은 곳에서
드물게 자라는 여러해살이풀

주었지요. 이렇게 해서 하늘매발톱꽃은 식구가 여럿으로 늘어나게 되었답니다.

가을로 접어들었을 무렵에는 어린 하늘매발톱꽃도 제법 크게 자라 있었어요. 물론 처음 가져와 키우기 시작한 것은 거의 크기가 10배는 더 커져 있었답니다.

그나저나 겨울 동안에 이 친구들을 어떻게 해야 하나 하는 걱정이 생겼어요. 그때까지만 해도 우리 꽃에 대해서는 아는 것이 많지 않았거든요. 그러다 생각해 낸 것이 절반은 집 안에 들여다 놓고 절반은 밖에 두는 것이었어요. 많이 추워지기 전에 적당한 것을 골라 집 안에 들여놓았답니다.

집 안에 들여놓은 것은 햇볕이 잘 드는 창가에 놓아 두었어요. 그 전에 다른 식물을 키우면서 햇볕이 잘 들지 않는 곳에 두면 겨울을 나면서 점점 약해지다가 결국 죽게 되기도 한다는 것을 알았기 때문이랍니다.

우리가 잘 아는 것처럼 식물은 광합성을 해서 양분을 만들어요. 그런데 햇볕이 들지 않는 곳에 두면 어떻게 될까요? 아마도 겨울이 지나고 봄이 올 때쯤에는 아주 약해져 있거나 아니면 죽어 버릴지도 몰라요. 식물도 살아가는 데 양분이 있어야 하거든요.

식물들은 광합성을 해서 양분을 만들어요. 그런데 햇볕이 잘 들지 않는 곳에 두면 살아가는 데 필요한 충분한 양분을 만들 수 없는 거예요. 항상 양분이 모자라게 되는 거지요. 그러면 처음에는 저장해 둔 양분을 사용해요. 저장해 둔 것마저 다 떨어지고 나면 결국 죽게 될 거예요.

그나저나 하늘매발톱꽃은 겨울을 잘 났을까요?

겨울 동안 밖에 둔 것들도 날씨가 따듯해지자 새 잎을 내기 시작했어요. 추운 겨울 동안에 얼어 죽지 않고 잘 살아 있던 것이었지요. 알고 보니 추위에 무척 강한 친구들이었어요. 얼마 지나지 않아서 새로 난 잎 사이에서 작은 꽃대도 자라기 시작했답니다.

그러면 겨울 동안 집 안에 들여 놓은 것들은 벌써 꽃을 피웠겠다고요? 겨울 동안 집 안에 들여 놓은 하늘매발톱꽃은 날씨가 따듯해지면서 밖에 내어 놓았지만 꽃을 피울 기미가 전혀 보이지 않았어요. 강한 햇볕에 적응하느라 며칠 동안 고생을 하는가 싶더니 그 다음부터는 그저 열심히 새 잎을 내고 점점 크게 자라기만 했어요.

"야! 넌 왜 봄이 되었는데도 자꾸 자라기만 하는 거니? 꽃을 피워야지!"

이런 내 질문에 이 친구들 뭐라고 했을까요?

"무슨 소리! 봄은 겨울이 지나야 오는 거라고. 아직 겨울도 지나지 않았는데 봄이라니 무슨 소리야!"

"봐! 네 옆에 있는 다른 친구들을. 너희만 빼고는 모두 꽃을 피우고 있잖아. 그런데 아직 봄이 아니라고? 지금이 봄이라니까!"

"어, 이상하다. 우리는 겨울을 지난 적이 없는데.

쭉 날씨가 따뜻했다고. 좀 이상하게 따뜻한 날이 길다고는 생각했지만. 우린 날씨가 추워져야 꽃을 피울 준비를 한다고. 그러니까 꽃을 피우기 위해서는 겨울이 꼭 필요해!"

"아하! 그랬구나. 내가 너희를 따뜻한 집 안에 들여 놓아서 그런 거구나. 그래서 아직 겨울이 지나지 않은 것으로 알고 있는 거구나. 그런데 왜 꼭 겨울이 지나야만 꽃을 피우는데?"

"그거야 간단하지. 너도 잘 아는 것처럼 우리 나라는 추운 겨울이 있는 곳이라고. 혹시라도 잘못 알고 가을에 꽃을 피우기라도 하면 씨앗도 만들지 못하고, 또 우리도 죽을지 모르거든. 그래서 겨울이 지나면서 꽃이 피도록 하는 거라고. 날씨가 추워지면 우리 몸에서는 꽃을 만들어도 된다는 신호로 어떤 물질을 만들어. 이 물질 때문에 겨울이 지나 봄이 되면서 꽃을 피우게 되는 거라고. 그런데 이 물질은 봄에 꽃을 피우고 나면 없어져. 그러니까 이 물질이 다시 생길 때까지는 꽃을 피우지 않는 거야. 물론 이 물질은 겨울이 되어야만 다시 생기는 거고."

"그렇구나! 그래서 많은 우리 꽃들이 겨울을 지나고 나서야 꽃을 피우는 거구나."

"그렇지. 그렇다고 긴 겨울이 다 지나야 꽃을 피울 수 있는 것은 아니야. 우리는 한두 달 정도만 추운 곳에 있으면 꽃을 피울 수 있어. 꽃을 피우도록 하는 물질이 그 정도면 충분하게 만들어지는 거지. 우리 꽃을 일찍 보고 싶으면 날씨가 추워지고 나서 한두 달쯤 지났을 때 따뜻한 곳에 들여 놓아 봐. 물론 햇볕이 잘 드는 곳이라야 해. 그러면 곧 꽃이 피는 것을 볼 수 있을 거야."

"겨울이 지나야만 꽃을 피울 수 있도록 하는 물질이 만들어진다? 그것 참 신기한데. 그러고 보니까 내가 봄에 씨앗을 심은 식물들 가운데 가을에 무척 크게 자랐는데도 전혀 꽃을 피우지 않는 것이 있던데 그 친구들도 같은 원리인가 보네."

"맞아! 그 친구들도 우리와 같을 거야. 그 해에 싹을 내고 자라기 시작한 어린 식물은 겨울을 나야만 진짜 꽃을 피울 수 있는 어른이 되는 거지. 겨울이라는 시련을 겪어야 어른이 되는 거라고. 어때 재미있지!"

나는 이 하늘매발톱꽃을 통해서 우리 꽃들에게는 겨울이 필요하다는 것을 알게 되었어요. 그리고 식물마다 겨울을 보내는 기온이 다르다는 것도 알게 되었답니다. 하늘매발톱꽃처럼 아주 추운 곳에서도 얼어 죽지 않고 겨울을 잘 견뎌 내는 식물이 있다는 것을 알게 되었고요. 우리 나라 남부지방에서 자라는 식물 가운데는 추운 겨울 동안 밖에 두면 얼어 죽고 말지만 그렇다고 따뜻한 집 안에 두면 봄에 꽃을 피우지 않는다는 것도 알게 되었어요. 이런 식물은 뿌리가 얼지 않을 정도의 차가운 곳에 두어야 봄에 꽃을 볼 수 있답니다.

이런 것들은 우리가 산과 들에서 만나는 우리 꽃들에 관심을 가지고 관찰하면 금방 알 수 있는 것이랍니다. 우리 꽃을 키울 때는 그 친구에 대해 잘 공부를 한 다음에 키워 보도록 하면 좋을 거예요. 어떤 환경 조건에서 자라던 것인가를 알면 절대로 키우던 식물이 죽는 일은 없을 거예요.

매발톱꽃
Aquilegia buergeriana var. oxysepala

키 : 50~100cm
꽃 : 6~7월
산골짜기나 산기슭에서 자라는 여러해살이풀

풀꽃 삼촌의 어린 시절 이야기

겨울에 놀기

가을걷이가 끝나면 마당은 다시 놀이터가 되었습니다. 마당에 땅을 조금 파서 구슬치기를 하거나 넓적한 돌을 골라 비석치기도 했습니다. 넓은 밭은 자치기를 하기에 좋았답니다. 또 땅에 바짝 붙어 자라는 망초, 개망초, 달맞이꽃을 뿌리 위에서 잘라 제기차기도 했지요.

김장이 끝난 집에서는 뒤뜰에 김칫독을 묻고 눈비를 맞지 않게 짚으로 만든 움막을 덮었습니다. 또 아버지는 밭에 깊은 구덩이를 두 개 파서 무와 감자를 묻었습니다. 구덩이 위로 한쪽에 작은 구멍만 남기고, 통나무

를 촘촘하게 걸친 다음 볏짚을 두껍게 깔고 흙으로 덮었습니다. 감자와 무는 겨우내 좋은 반찬거리가 되었지요.

옆집 아저씨는 바나나나무처럼 당시 흔치 않은 나무를 많이 키웠는데, 겨울이면 모두 방으로 들여놓았습니다. 특히 내 기억에 남은 것은 큰 석류나무입니다. 가을이면 탐스럽게 익은 석류를 몇 개 얻어 맛보기도 했답니다. 작은 석류나무도 한 그루 있었는데 아저씨는 겨울이 오기 전에 밭에 넓게 구덩이를 파서 나무를 묻었습니다. 때로는 아버지가 돕기도 했습니다. 그렇게 하면 추운 겨울에 석류나무가 얼지 않았습니다. 봄이 되면 석류나무를 파서 다시 그 자리에 심었는데 신기하게도 잎이 나고 꽃도 피었답니다. 석류나무는 따뜻한 곳에서 자랍니다. 식물마다 잘 자랄 수 있는 조건이 다릅니다. 어떤 식물은 추위를 견디지 못해 얼어 죽고 어떤 것은 더위를 이기지 못해 뿌리가 썩고 말지요.

이 무렵이면 땔감으로 쓸 솔방울을 모으는 숙제도 했습니다. 학교에서는 달걀만 한 조개탄을 나누어 주었는데 하루에 쓸 수 있는 양이 많지 않았습니다. 이때 불에 잘 타고 오래가는 솔방울은 좋은 땔감이 되었습니다.

날씨가 점점 더 추워지면 계단식 논에도 얼음이 얼기 시작하면 광속에 잘 보관해 온 썰매를 꺼내 손질하기에 바빴습니다. 낡은 곳에는 못을 다시 박고 썰매 꼬챙이는 정성들여 새로 만들었습니다. 꼬챙이는 곧게 뻗은 소나무가 가장 좋았습니다. 소나무 마디와 마디 사이를 잘라 껍질을 벗기고 잘 말립니다. 그리고 머리를 없앤 대못을 담금질한 쪽에 거꾸로 박고 반대쪽에는 T자 모양 손잡이를 만들었습니다. 사실 잣나무가 마디가 길어 더 좋았지만 흔하지도 않았고 적당한 걸 자르려면 높이 올라가야 했기에 그저 쳐다만 보았습니다.

이윽고 논이 두껍게 얼면 하루 종일 썰매를 탔습니다. 넓고 물이 잘 고이는 논은 물꼬만 막으면 그대로 좋은 썰매장이 되었답니다. 때로는 좁은 개울에서도 탔는데 돌을 피하며 경사진 개울을 미끄러져 가는 것은 더 재미있었습니다.

그런데 두껍게 언 논이라도 물이 흘러드는 곳은 얼지 않았습니다. 손잡이가 달린 깡통을 들고 이런 곳을 찾아다니며 괭이로 흙을 파면 겨울잠 자던 미꾸라지와 개구리를 볼 수 있었습니다. 미꾸라지를 잡겠다고 했지만 생각처럼 잘 되지는 않아서 얼음 구멍으로 발이 빠지고 물에 젖어 발갛게 언 손으로 집에 돌아가곤 했습니다. 집에서는 어머니의 꾸중이 기다리고 있었지요. 그러다 개구리를 잡으면 어머니는 매운탕을 끓여 주셨습니다. 나중에야 그것이 산개구리이고 그 수가 점점 줄어 보호해야 한다는 것도 알게 되었습니다.

추운 겨울이었지만 함부로 불을 피우지 못했습니다. 산불이 나면 큰일이기 때문입니다. 겨울에도 마음 놓고 불놀이를 하는 날이 있는데 바로 정월 대보름입니다. 설날이 지날 때쯤이면 쥐불놀이와 깡통 돌리기 할 준비를 시작했답니다. 산을 돌아다니며 가지치기하고 남은 소나무 옹이 부분을 잘라 모았습니다. 불에 잘 탔기 때문이지요. 어른들은 볏짚으로 아이들의 나이만큼 새끼줄을 만들었습니다.

기다리던 정월 대보름이 되면 지난 가을에 묻어 둔 서리밤과 다락에 두었던 호두를 꺼내 부럼을 깨물었고, 오곡밥과 다섯 가지 나물 반

찬도 맛있게 먹었습니다. 옆집 할머니는 가을에 따서 익힌 감(대봉시. 대봉시를 어릴적 동네에서는 장준감이라 했다. 끝이 뾰족한 감의 한 종류로, 첫서리가 내릴 무렵 덜 익은 장준감을 따서 서늘한 곳에 보관해 익혀 먹는다.)을 나누어 주기도 했습니다.

동쪽 하늘에 보름달이 보이기 시작하면 밭에 쌓아둔 볏짚에 불을 붙이고 올 한해도 풍년이기를 기원했습니다. 아이들은 어른들이 만든 새끼줄에 불을 붙이고 달을 향해 절을 한 다음 불붙은 볏짚에 던졌습니다. 볏짚이 훨훨 타들어 가면 본격적으로 쥐불놀이가 시작되었습니다. 동네 친구들과 함께 연신 깡통을 돌리고 또 하늘 높이 던지며 돌아다녔지요. 늦게까지 실컷 논 다음 달빛으로 대낮처럼 환한 동네를 가로질러 집으로 향했답니다.

6. 꽃밭에서는 못 찾을 거야

🌿 한 송이 꽃을 피우기까지

오대산국립공원의 전나무 숲에서 있던 일이에요. 한창 전나무 숲에도 봄기운이 느껴지는 때였답니다. 한쪽에서 이상한 소리가 들려와 고개를 돌려 쳐다보았지요. 참 어이 없는 일이 눈앞에 펼쳐지고 있었답니다. 함께 있던 국립공원관리공단 후배가 가까이 다가갔는데도 그 사람은 아무렇지 않게 하던 일을 하고 있었어요.

"죄송한데, 지금 뭐 하시는 겁니까?"

"예, 이것 좀 캐려구요. 참 예쁘게 생겼잖아요."

아이의 아버지로 보이는 사람은 열심히 땅을 파고 있었고, 그 옆에서는 아이와 아이의 어머니가 지켜보고 있었답니다.

"선생님! 여기는 국립공원인데요."

"아, 예. 그건 알고 있는데요. 여기 국립공원인 건."

"아시는데 이러시면 안 되지요! 국립공원에서 식물을 캐면 안 되는 거 모르시나요?"

그때야 캐던 일을 멈추고 우리를 쳐다보았어요.

"이거 참. 잘 몰랐어요. 그냥 캐도 되는 줄 알고……. 다시 묻어 주겠습니다."

이 사람들이 열심히 캐고 있던 식물은 바로 얼레지라는 식물이었어요. 그런데 그 사람은 이 얼레지에 대해서 잘 모르고 캐려고 한 것 같았답니다. 얼레지는 땅속 깊은 곳에 뿌리를 내리고 있어서 한참을 파지 않고는 캘 수 없어요. 그래서인지 이 사람도 한참을 판 것 같은데 뿌리는 보이지도 않았어요. 겨우 위기를 벗어난 얼레지는 아마도 이런 말을 했을 거예요.

"우리가 이 한 송이 꽃을 피우기 위해 얼마나 고생을 했는데, 그렇게 쉽게는 안 되지."

사실은 얼레지가 사람들의 손을 피하기 위해 이렇게 땅속 깊은 곳에 뿌리를 내리는 것은 아닐 거예요. 그럼 어떤 까닭이 있을까요?

"우린 다른 식물들처럼 몸에 독을 가지고 있지 않아. 그렇다고 동물들에게 대항할 다른 무기가 있는 것도 아니거든. 그래서 생각해낸 것이 땅속 깊이 숨는 거였어. 땅속 깊이 뿌리 내리기가 좀 힘들기는 하지만 그만큼 안전하거든. 보라고. 사람들도 우리를 캐는 데 무척 애를 먹는 걸."

이렇게 땅속 깊이 뿌리를 내리고 있는 것은 땅을 파헤쳐 뿌리를 캐 먹는 동물들을 피하기 위한 좋은 방법일 거예요. 또 추운 겨울에는 땅속 깊은 곳에서 잠을 자고 있으니 추위를 걱정하지 않아도 되겠지요.

얼레지는 땅속 깊은 곳에 뿌리를 내리고 살지만 날씨가 따뜻해져 얼음이 녹기 시작하면 곧 잎을 내기 시작해요. 때로는 얼음 사이를 뚫고 잎을 내기도 한답니다. 그런데 이렇게 급하게 서두는 까닭이 무엇일까요?

"눈이 녹기 시작할 무렵이면 우리가 잠을 자던 땅속도 조금씩 따뜻

얼레지

Erythronium japonicum

키 : 25cm
꽃 : 4월
깊은 산 숲속에서 자라는 여러해살이풀

해지거든. 그러면 겨울잠에 들어가기 전에 미리 준비해 둔 잎을 흙 밖으로 내미는 거야. 흙 밖은 아직 추워. 사실 내민 잎이 다 얼어붙을 정도로 춥기도 해. 그런데도 왜 이렇게 서둘러 잎을 내느냐 하면, 우리한테 시간이 별로 많지 않아서야. 우린 햇볕을 좋아해. 햇볕이 있어야만 우리가 살아가는 데 충분한 양분을 만들 수 있지. 그런데 우리가 사는 곳은 숲이라고. 그게 문제야. 숲의 나무들도 날씨가 따뜻해지면 새싹을 내고 자라거든. 우리가 사는 곳에서는 6월이면 나무들이 잎을 활짝 펴서 내가 좋아하는 햇볕을 거의 다 가려 버려. 그 전에 빨리 잎을 내고 꽃을 피우고 해야 하는 거야. 이때는 지난봄에 저장해 둔 양분을 사용해. 그래야 재빨리 잎도 내고 꽃도 피울 수 있거든. 열심히 서둘러야 열매도 맺고 내년에 쓸 양분도 충분히 저장해 둘 수 있지. 이렇게 서둘지 않았다면 아마도 우리는 숲에서 살 수 없었을 거야."

얼레지는 밤과 새벽에는 기온이 영하로 내려가는 추운 때에 잎을 내기 시작하기 때문에 잎이 얼지 않도록 대비를 해 두어야 해요. 몸 안에 추위에 견딜 수 있는 물질을 많이 만들어 둔답니다. 그래서 서둘러 잎을 내도 얼어 죽지 않는답니다.

얼레지 뿌리는 땅속 깊은 곳에 있어 동물의 공격을 피할 수 있다지만 땅위에 나와 있는 잎은 어떨까요? 동물들에게 먹히지 않을 다른 방법이 있는 걸까요? 얼레지는 몸에 독성분을 가지고 있는 것도 아니라고 했는데…….

"걱정도 많네! 내 말을 잘 들어봐. 우선은 처음 잎을 낼 무렵에는 몸 안에 추위를 견딜 수 있는 물질을 많이 만들어. 거기다 이 무렵에는 햇볕도 무척 강하거든. 강한 햇볕 때문에 새잎이 손상을 입을 수 있지. 그래서 이때에는 햇볕으로부터 새잎을 보호하는 물질도 몸에 많이 만들어. 이런 물질의 영향으로 새로 나온 잎은 거의 진한 자줏빛이야. 우리 주변의 낙엽하고 색깔이 비슷해. 아마도 자세히 보지 않고는 구별이 어려울 거야. 그리고 우리 이름에서 느껴지는 것처럼 잎에 얼룩무늬가 있어. 그러니 잎을 내고 있을 때도 위장이 되는 거지. 동물들의 눈에 잘 띄지 않겠지? 그런데 한 가지 문제가 있어. 우리 꽃은 어쩔 수 없이 눈에 잘 띄어야 하거든. 특히 우리 꽃가루를 옮겨다 주는 곤충들의 눈에 잘 띄어야 해. 그 때문인지 가끔 어렵게 피워 둔 꽃이 동물들에게 먹히기도 해."

다 자란 얼레지도 잎은 두 장밖에 없답니다. 이 두 장의 잎 사이에 꼭 하나의 꽃을 달고 있어요. 산엘 가다 보면 한 무더기씩 꽃이 없는 것을 보게 된답니다. 동물이 꽃을 뜯어 먹은 것 같았어요. 사람들도 얼레지를 나물로 먹는답니다. 사람들은 얼레지를 죽지 않게 하려고 두 잎 가운데 꼭 한 장만 딴다고 해요. 그런데 이렇게 얼레지 잎을 하나라도 따면 그 다음 해에는 꽃을 피우지 못한다고 해요. 꽃을 피울 수 있을 만큼 충분한 양분을 저장해 두지 못했기 때문이랍니다. 남은 잎 하나로는 꽃을 피울 수 있을 만큼 충분한 양분을 만들지 못하기 때문이지요.

얼레지는 우리 나라 남쪽부터 북쪽까지 깊은 산에서는 아주 흔하게 볼 수 있어요. 내가 사는 곳에서는 봄이면 정말 발 디딜 틈도 없을 만큼 숲속 가득 얼레지가 꽃을 피우고 있는 것을 쉽게 볼 수 있답니다. 이 친구들이 숲속 가득 퍼지게 된 데는 어떤 비법이 있을 것 같아요?

"우린 한번 뿌리를 내리면 아주 오래 살아. 그리고 살면서 해마다 씨앗을 만들어 퍼뜨리지. 숲속에 우리 친구들이 많이 퍼지게 된 데는 우리의 씨앗이 한몫을 했어. 우린 씨앗을 우리 힘으로 멀리까지 보내지 않아. 그냥 우리 주변에 떨어뜨려 놓는 거야. 근데 씨앗에 비밀이 있어. 우리 씨앗을 보면 한쪽에 뭔가가 붙어 있는 것을 볼 수 있을 거야. 이게 바로 그 비밀인데. 뭐냐면, 이게 숲속에 사는 개미들이 무척 좋아하는 거야. 씨앗이 숲에 떨어지면 금방 개미들이 달려와 씨앗을 물고 가지. 개미도 자기들이 좋아하는 것은 금방 아나 봐. 개미에게 물려간 씨앗은 맛있는 부분만 먹히고 버려지는 거야. 개미 덕에 우린 씨앗을 멀리까지 보낼 수 있는 거라고. 물론 공짜로 개미한테 심부름을 시킨 것은 아니지. 서로 돕는 거라고. 우리도 좋고 개미도 좋고."

얼레지 씨앗이 익을 무렵 숲에서는 얼레지 씨앗을 물고 가는 개미를 자주 볼 수 있답니다.

이렇게 개미의 도움으로 멀리까지 옮겨진 씨앗이나 숲에 떨어진 씨앗은 얼마 만에 다 큰 얼레지가 되는 걸까요? 숲에서는 잎이 하나뿐인 얼레지도 볼 수 있고, 잎이 두 장인데도 꽃이 없는 얼레지도 볼 수 있거든요.

"무엇보다도 먼저 우리가 인내심이 무척 강하다는 이야기를 하고 싶어. 우린 씨가 땅에 떨어져 싹이 나서 꽃을 피울 만큼 크기까지 퍽 오랜 시간이 걸려. 긴 시간을 참고 견디는 거지. 꽃을 피우고 있는 것은 최소한 일곱 살은 된 거야. 보통은 8~10년은 걸린다고 봐야 해. 이렇게 꽃이 피기까지 오랜 시간이 걸리는 까닭은 우리가 숲에서 살기 때문이지. 해마다 조금씩 몸집을 키워 가는 거라고. 처음 싹을 낸 첫해에는 아주 작은 잎으로 출발을 해. 해가 갈수록 양분을 점점 더 저장해 가는 거야. 그에 따라 잎의 크기도 커지는 거지. 한 가지 더 중요한 것은 처음에 싹을 내고 자랄 때부터 땅속 깊이 뿌리를 내리고 있는 것이 아니라는 거야. 해마다 조금씩 땅속으로 파고 들어가는 거야. 내 뿌리에는 주름이 많이 잡혀 있는데 이게 내 비늘줄기를 조금씩 조금씩 땅

얼레지 열매

속으로 끌어당기는 거야. 그리고 잎을 두 장 만들 만큼 크게 되면 드디어 꽃을 피울 수 있어. 하지만 잎이 두 장이 되었다고 해서 모두 꽃을 피울 수 있는 것은 아니야. 잎이 두 장이더라도 꽃을 피울 수 있을 만큼 양분을 충분히 만들지 못했다면 어쩔 수 없이 또 기다려야 해. 꽃을 피우고 있는 우리가 이젠 새롭게 보이지?"

얼레지 꽃을 지켜보면 참 신기한 모습을 볼 수 있어요. 그건 날씨가 따뜻한 날이 아니면 꽃잎을 열지 않는다는 거예요. 날씨가 흐리고 추운 날에는 얼레지의 꽃가루를 옮겨 주는 곤충도 움직이지 않는다는 것을 알기라도 하는 것 같답니다. 물론 밤에도 꽃잎을 닫아 둔답니다. 추운 날씨에 혹시라도 씨앗이 될 꽃이 상하면 안 되니까요. 얼레지의 이런 습성을 모를 때에는 비가 오는 흐린 날에 얼레지 꽃을 보러 가기도 했어요. 결국 헛고생만 한 거지요.

한 송이 꽃을 피우기 위한 얼레지의 노력이 참 대단하지요? 끊임없는 노력의 결과로 봄이면 우리나라의 깊은 숲을 얼레지가 차지하게 되었음은 틀림없는 사실일 거예요.

🌿 식물도 등산을 하나?

대관령 고개에서 보면 강릉 시내가 손에 잡힐 듯 내려다보인답니다. 날씨가 좋은 날이면 멀리 동해의 파도도 보이고 고기잡이 나가는 배들도 볼 수 있어요.

친구들과 대관령 고개 부근에 어떤 우리 꽃이 살고 있나 조사할 때였어요. 우연히 대관령 고개에 정말 생각지도 못한 식물이 살고 있다는 것을 알게 되었답니다. 때는 2000년 8월 말쯤으로, 이 친구들이 한창 꽃을 피울 때가 꽤 지났는데도 예쁘게 꽃을 피우고 있는 것이었어요.

"이것 좀 봐! 이거 해란초잖아."

"어디? 맞네, 해란초. 누가 옮겨 심어 놓았나? 원래 바닷가 모래땅에서 자라는 거잖아."

"그렇지. 소금기가 있는 바닷가에서 자라는 식물이지. 근데 얘가 어떻게 여기에서 꽃을 피우고 있느냐 이거야."

"혹시 알아. 누가 강릉 바닷가에서 여기다 몇 개 옮겨 심었는지."

"그랬을까? 어디 보자. 옮겨 심은 건 아닌 것 같다. 여기 봐. 한두 포기가 아닌데. 이쪽에 무더기로 있다야."

"그렇다면, 혹시 이 녀석들 등산을 한 건 아닐까? '산에 오른 해란초'라……. 재미 있는데."

"야, 그렇게 단순하게만 생각할 게 아니라니까. 네 말대로 이 녀석이 산을 올라오기는 했는데 어떻게 올라왔냐 이거지."

"사람들이 옮겨 심은 것이 아니면, 뭐 바람을 타고 날아 왔나 보지. 여기 바람이 무척 많이 부는 곳이잖아."

"그렇기는 한데. 바람을 타고 오기에는 좀 거리가 멀지. 그리고 여기는 서쪽에서 부는 바람이 강하지 동해 쪽에서 부는 바람은 그리 강하지 않거든. 만약에 바다 쪽에서 부는 바람에 씨앗이 날려 왔다면 한 번에 왔을 것 같지는 않고 조금씩 이동해 왔어야 하는데. 그러니까 바닷가 가까운 곳에서 자라던 것이 해마다 산 쪽으로 씨앗이 날려 자라고 다시 그 씨앗이 산 쪽으로 또 날려서 자란다. 이걸 수없이 반복하면?"

"그렇게 해서 여기 대관령 고개까지 오려면 한 100년은 걸렸겠다."

"그렇겠지? 사실 거리도 무척 먼 데다 대관령과 동해 사이 어디에서도 이 친구를 본 적이 없으니까."

"저것 좀 봐! 혹시 저것 때문이 아닐까? 저기 쌓여 있는 모래."

"저건 겨울에 눈이 오거나 해서 길이 얼면, 길에 뿌려 자동차가 미끄러지지 않게 하려고 쌓아 놓은 모래잖아."

"그렇지! 저 모래를 만약 바닷가에서 가져왔다면 설명이 되지. 해란초가 많이 자라던 바닷가 모래땅을 파서 가져왔고, 거기에 해란초의 씨앗이나 땅속줄기가 들어 있었다 이거지. 이것이 자라기 시작했고 지금은 많이 퍼져서 자란 것이라면 설명이 되네."

"맞아. 그게 정답인 것 같다. 여기가 오래 전부터 겨울에 쓸 모래를 쌓아 두는 곳으로 쓰이던 곳이래."

"근데 한 가지 신기한 것이 있어. 이 친구들 바닷가보다 여기가 겨

해란초
Linaria japonica
키 : 15~40cm
꽃 : 7~8월
햇볕이 잘 드는 바닷가 모래땅에서 자라는 여러해살이풀

울이면 몇 배는 더 추운데 잘 견디나 보네."

"그러게. 추위는 잘 견디나 본데. 그러고 보니 여기 대관령이 바닷가보다 봄이 늦게 시작되지. 그러니까 그만큼 꽃을 늦게 피우는 거구나! 꼭 그만큼 꽃을 늦게 피우네. 거참 신기하기도 해라."

우리는 해란초가 대관령 고개까지 어떻게 올라왔는지 어렵게 알아냈어요. 그래서 아는 사람이 대관령에 오면 꼭 이 친구를 소개한답니다. 그러면 모두 깜짝 놀라지요. 또한 어떻게 올라오게 되었는지를 이야기하면 더 신기해했답니다.

해란초는 원래 바닷가 모래땅에서 살아요. 바닷가 모래땅이면 소금기가 있는데 어떻게 살 수 있는지 궁금하겠지요? 소금기가 있는 바닷가 모래땅에서 살 수 없는 식물이라면 소금기 때문에 곧 말라 죽고 말테니까요.

식물이 물을 흡수할 때는 보통 식물의 안쪽과 바깥쪽의 농도 차이를 이용한다고 해요. 그런데 식물의 바깥쪽인 흙속에 소금기가 있으면 어떻겠어요. 흙 속의 수분이 농도가 더 높게 되는 거지요. 그러면 식물은 물을 흡수할 수 없게 될 거예요. 아니면 많은 에너지를 사용해서 물을 흡수해야 하지요. 결국 쓸 수 있는 에너지도 바닥이 나면 물이 부족해서 말라죽고 말거나 아주 고통스러워하며 잘 자라지 못할지도 모른답니다.

해란초같이 바닷가에서 사는 식물들은 몸 안의 농도를 높게 하는 능력을 가지고 있어요. 흙속의 물보다 농도를 높게 하면 물을 쉽게 흡수할 수 있겠지요? 물론 흡수한 물에는 소금기가 많을 거고요. 이 소금기는 몸 안에 따로 분리해서 모아 둔답니다. 그래야 이 소금기 때문에 생길 수 있는 피해를 막을 수 있거든요. 이런 능력이 없다면 다른 식물들처럼 죽고 말 거예요. 이 방법이 바닷가에 사는 식물들이 가지고 있는 가장 대표적인 방법이에요.

그렇다고 해란초가 소금기가 없는 곳에서 살 수 없는 것은 아니랍니다. 소금기가 없는 곳에서도 아주 잘 자라요. 다만 이 해란초가 좋아하는 모래가 많은 땅이라야 해요. 해란초는 물기가 많은 땅은 싫어하거든요.

대관령이나 한계령의 길가에서는 해란초뿐만 아니라 갯메꽃, 갯완두 같은 바닷가에 사는 식물들이 자라고 있답니다. 모두 바닷가의 모래를 제설용 모래로 사용한 결과랍니다.

🌿 넌 왜 여기에 사니?

나는 식물들을 만나면 이런 질문을 하곤 했어요.

"얘, 넌 왜 거기서 사니?"

그러고는 그 식물이 사는 모양을 살피는 거예요. 잎은 어떤 모양인가. 식물의 크기는 어떤가. 살고 있는 곳의 주변 환경은 어떤가. 이런 것을 살피다 보면 식물들이 내 질문에 대답을 하는 것 같답니다. 흥미 있는 대답을 하는 식물이 있는데 한번 이야기해 볼게요. 어떤 질문과 대답을 주고받는지 잘 보세요.

"얘, 너는 다른 곳 다 두고 하필이면 그런 곳에 자리를 잡고 사니?"

"나? 난 여기가 좋아."

"거기가 뭐가 좋아. 다른 식물들은 네가 사는 곳에서 안 살려고 하잖아. 너도 잘 알잖아. 거긴 흙도 별로 없고 햇볕이 내리쬐면 곧 물도 말라 버리는 곳이라는 걸."

"그래. 네 말이 맞아. 사실 이곳은 일 년에도 수십 번씩 물이 바짝 말라서 죽을 지경이야. 이곳에 가끔 다른 식물 씨앗이 날아와 싹을 내기도 하거든. 그런데 곧 물이 마르면 말라 죽고 말더라고. 하지만 난 인내심이 무척 강해. 물이 없을 때도 잘 견뎌내는 나만의 비법이 있지."

"어떤 비법인데. 나한테 좀 알려주면 안 될까?"

사실 이 질문에 대한 답을 알아내기 위해서 여러 가지 책을 찾아보았어요. 그냥 관찰을 해서 알아낼 수 있는 것이 있는 반면에 전혀 알 수 없는 것이 있었으니까요.

"좀 곤란한데. 다른 식물들이 알게 되면 내가 사는 곳을 빼앗길 수도 있는데, 뭐! 음, 하지만 나도 이 비법을 터득하는 데 아주 많은 시간이 걸렸으니까 괜찮을 거야. 비법이 뭐냐 하면, 먼저 내 몸을 잘 봐. 어때 잎이 무척 두껍지. 바로 그거야. 여기다 물을 많이 담아 두는 거야. 다른 식물보다 몇 배는 더 저장해 둘 수 있지. 물이 부족한 때에 이걸 조금씩 쓰는 거야. 물론 최대한 아껴 써야 한다고."

"그렇구나. 하지만 저장할 수 있는 물은 많지 않잖아. 그리고 오랫동안 비가 안 오면 어떻게 해?"

바위솔
Orostachys japonica

키 : 30cm
꽃 : 9월
산속 바위나 오래된 기와 위에 붙어 자라는
여러해살이풀

"너 아직 모르는구나. 아무리 비가 안 오는 때라도 밤부터 새벽까지는 이슬이 내리는 날이 있어. 이때 이 이슬을 흡수해 두는 거야. 그러면 좀더 견딜 만해. 하지만 나도 오랫동안 가뭄이 이어지면 바깥쪽의 잎부터 하나씩 차례대로 말라 들어가. 이렇게 해서 안쪽의 어린잎과 눈이 살아남을 수 있도록 최선을 다해. 아마 이런 때는 마치 말라죽어 있는 것처럼 보일 거야."

"그랬구나. 근데 궁금한 것이 있어. 넌 다른 식물들처럼 광합성을 하지 않니? 광합성을 하려면 숨을 쉬어야 하고, 나처럼 사람들은 숨을 쉬어서 필요한 산소를 흡수하지. 너 같은 식물은 산소도 필요하지만 광합성을 하는 데는 이산화탄소가 있어야 하잖아. 문제는 이렇게 숨을 쉴 때 많은 양의 수분(물)이 몸 밖으로 빠져나간다는 거야. 그러면 금방 말라죽지 않을까?"

"야, 너 무척이나 예리한 질문을 하는데! 맞아. 그게 나한테 가장 심각한 문제야. 나도 숨을 쉬어야 한다는 거 말이야. 식물들에게는 숨을 쉬는 기관으로 '기공'이 있다는 건 알지? 난 햇볕이 뜨거운 낮 동안에는 기공을 열지 않아. 최대한 닫고 있는 거야. 다른 식물들은 햇볕이 뜨거운 낮 동안에 기공을 열어. 그러니까 금방 시들어 버리는 거지. 더 심하면 말라죽고."

"그러면 넌 언제 기공을 여는데? 필요한 이산화탄소는 어떻게 하고?"

"아까도 이야기했지. 밤이나 새벽이면 공기 중에는 수분이 많아져.

바로 이때 기공을 열어 이산화탄소를 몸 안에 흡수해 두는 거야. 흡수한 이산화탄소는 두툼한 잎 안에 저장해 두는 거지. 이것을 낮 동안에 광합성 때 사용해. 이런 비법을 알고 있는 식물 가운데 대표적인 것이 있는데 바로 사막에 사는 선인장이야. 사실 내가 사는 곳의 환경을 살펴보면 사막하고 비슷하거든."

"사실 나도 그렇게 생각했어. 네가 사는 곳은 햇볕이 내리쬐는 낮 동안에는 무지 뜨거울 거라는 거. 근데 내가 보기에도 위험천만한 바위절벽에 살 필요는 없잖아. 평평한 땅위에 내려와 살아도 되잖아."

"너, 참 말 잘했다. 나도 그러고 싶지. 평평하고 물도 잘 마르지 않는 곳에 내려와 살면 좋지. 사실 가끔 내려가 보기도 해. 근데 날 봐. 내 키가 많이 작잖아. 평평한 땅에는 다른 식물들이 많아. 키도 크고 덩치도 큰 식물들이 금세 내 둘레에 자리를 잡고 자라는 거야. 난 햇볕이 없으면 못 살거든. 그러니 거기서는 살 수가 없는 거야. 여긴 어때? 여기선 나만 살 수 있어. 다른 식물들은 여기서 살 수 있는 능력이 없거든. 난 나의 이런 능력이 좋아."

"그렇구나. 사실 너의 그런 모습을 사람들이 많아 좋아하는 것 같아. 너 나름대로의 개성이 있는 것을. 한 가지 더 질문해도 돼?"

"얼마든지 물어봐."

"너, 그냥 바위 위에 붙어 있으면 겨울에 춥지 않니? 내 생각에는 무척 추울 것 같은데."

"그걸 말이라고 하니? 말할 것도 없이 춥지. 영하 20℃는 되는데

정선바위솔 겨울눈

바위틈에 붙어 있다고 생각해 봐. 생각하기도 싫다고. 하지만 나만 추운 것이 아닌데 뭐. 또 방법이 있어. 일단 잎을 여러 겹으로 포개서 그 안쪽에 있는 눈을 감싸는 거야. 잘 아는 것처럼 눈이 살아 있어야 봄에 새싹을 낼 수 있잖아. 그러면 좀 견딜 만해."

"그런 방법은 다른 식물들도 겨울을 나기 위해 쓰는 방법이라는 거 나도 알아. 그런데 넌 너무 작아. 그렇다고 땅속에서 추위를 피하는 것도 아니고. 꽁꽁 얼어 죽지 않을까?"

"맞아. 그냥 있으면 아마도 얼어서 동태가 될 거야. 아까 겨울을 견딜 수 있는 눈을 만들었지? 그리고 몸속에 부동액을 채워 넣는 거야. 웬만한 추위에는 몸이 얼지 않게 하는 거지. 식물이 얼면 죽게 되는 이유는 알지? 어라, 모른다고? 그건 말이야. 식물이든 동물이든 몸에는 물이 많이 들어 있어. 이 물은 영하의 온도에서 얼게 되는 것 알지? 그런데 물은 얼게 되면 어떻게 변하지? 바로 결정이 생기는 거야. 거기다 부피도 늘어난다고. 이게 바로 문제가 되는 거야. 식물이나 동물을 구성하는 세포가 이 얼음 때문에 파괴되는 거지. 그러니 얼음이 녹고 나서도 살 수가 없는 거라고. 생각해 봐. 토마토 같은 것을 냉동실에 넣어서 얼렸다가 꺼내면 어떻게 되나. 물컹물컹해지고 조금 더 있으면 물이 줄줄 흐르지! 이게 바로 세포가 파괴되어서 그 안에 있던 물이 흐르는 거야. 하지만 난 부동액을 이용해서 얼지 않도록 하지. 그래서 겨울 동안에도 얼어 죽지 않고 살아 있을 수 있는 거야."

"아하, 그렇구나. 그런 방법이 있었구나. 그래서 많은 식물들이 겨울 동안에 얼어 죽지 않고 살 수 있는 거구나. 그런데 네 이름이 뭐지?"

"아직 내 이름도 몰랐단 말이야! 내 이름은 '정선바위솔'이라고 해. 나를 처음 발견한 식물학자가 내가 정선의 강가에 사는 것을 보고는 붙인 이름이야. 강원도 정선 부근의 강가 바위절벽에서 날 만날 수 있을 거야."

이 식물과 닮은 식물을 우리 나라 곳곳에서 만날 수 있어요. 식물이 살지 않을 것 같은 곳이라도 한번 눈을 크게 뜨고 살펴보세요. 바위솔, 둥근바위솔, 난장이바위솔, 좀바위솔 같은 식물들을 만날 수 있을지 누가 알아요?

꽃이 핀 정선바위솔
Orostachys chongsunensis
키 : 15-25cm
꽃 : 9~10월
정선 인근의 강가 바위틈에서
드물게 자라는 여러해살이풀

풀꽃 삼촌의 어린 시절 이야기
서울에서 만난 식물들

　내가 이사 간 곳은 서울의 외곽이었습니다. 새로 지은 집이 있는가 하면 비좁은 골목으로 나란히 늘어선 낡고 허름한 집도 있었지요. 둘레에는 논과 밭이 이어져 있었지만 집 근처마다 연탄재와 쓰레기가 산더미처럼 쌓여 있었습니다. 그리고 깨끗한 도랑은 찾아볼 수 없었습니다. 봄이 막 시작될 무렵이었는데도 봄을 느낄 만한 것들이 별로 없는 것 같았습니다. 어디도 내가 살던 시골과 같지 않았지요. 곧 서울이 좋은 곳만은 아니라는 생각이 들기 시작했답니다.

　하루는 집 앞 개울로 나갔습니다. 큰 개울이니 물고기가 많을 거란 기대를 하고 내려갔는데 검붉은 물속은 하나도 보이지 않았습니다. 전에 맡아 보지 못한 냄새도 났습니다. 개울 둔치에는 사람들이 가꾼 밭이 있었습니다. 거기에서 이제 막 겨울잠에서 깨어나 새잎을 내기 시작한 냉이를 보았습니다. 군데군데 사람들이 냉이를 캐어 간 자리도

냉이

보였는데, 나도 반가운 마음에 시간 가는 줄 모르고 냉이를 캤습니다.

냉이를 가지고 집으로 돌아가자 어머니도 반가워하며 냉이무침을 만들었습니다. 그런데 냉이를 씻어 삶았는데 자꾸 붉은빛 물이 나와서 몇 번을 다시 씻었다고 했습니다. 식구들은 오랜만에 냉이무침을 맛나게 먹었지만 나는 개울의 검붉은 물이 자꾸 떠올랐습니다. 그와 관계가 있을 것 같다는 생각이 들었지요.

그 뒤로는 개울 둔치나 둑에서 냉이를 캐지 않았답니다. 나중에야 개울의 물이 오염되면 둔치와 둑의 흙도, 거기에 사는 식물의 몸에도 오염 물질이 쌓인다는 것을 알았습니다. 그것을 먹은 사람이나 동물에도 안 좋은 영향을 주는데 만약 계속해서 먹으면 오염 물질이 쌓여 큰 병이 생길 수도 있다고 합니다.

이사 간 집에는 시멘트로 포장된 마당이 있었는데 한쪽에는 장독대가 그 옆으로는 정말 작은 화단이 자리했습니다. 고향집 뒷마당에서 가져온 사철나무와 수수꽃다리를 심고 그 뒤로 다른 식물도 조금씩 함께 심었습니다.

서울로 이사 와 '피마자'라는 식물을 처음 보았습니다. 전학 간 학교의 화단과 담장을 따라가며 빽빽하게 자라고 있었지요. 피마자는 키가 크고 손바닥 모양으로 갈라진 잎도 무척 큰데 재미있는 것은 밤톨만 한 열매입니다. 도깨비방망이처럼 가시가 났는데 익으면 그 속에서 반점이 있는 반들반들한 씨앗이 나옵니다.

선생님은 피마자 열매로 기름을 짠다고 했습니다. 그래서 열매가 익으면 씨앗을 까서 모았답니다. 그 틈에 나도 씨앗 몇 개를 가져와 이듬해 봄에 화단에 심었는데 시간이 퍽 지난 뒤에 싹이 났습니다. 얼마나 자랐는지 시간이 날 때마다 화단으로 가서 살펴보곤 했지요.

그런데 학교 화단에서 자라는 피마자는 키도 훨씬 크고 튼튼해 보였는데 집에 있는 것은 길쭉하기만 한 것이 어딘지 약해 보였답니다. 이유가 무엇일까 고민하다 거름이 부족한 거라 생각하고 거름을 주었는데 아무런 변화가 없었습니다.

그때 떠오른 것이 햇빛이었습니다. 앞집과 우리 집에 가려 햇빛이 잘 들지 않는 화단 대신 집에서 가장 환한 대문 위 시멘트 지붕으로 갔습니다. 긴 네모꼴에 양옆으로 빗물이 흘러가는 배수구가 있었습니다. 나는 집 근처 밭에서 흙을 퍼다 채워 넣고 피마자를 옮겨 심었답니다. 피마자는 어떻게 되었을까요? 햇빛을 많이 받은 피마자는 잘 자라 꽃을 피웠고 열매도 맺었답니다.

다른 꽃도 심었는데 분꽃, 채송화, 봉선화는 햇빛이 덜 드는 곳에서도 잘 자랐지만 해바라기는 피마자처럼 햇빛이 잘 드는 곳에 심어야 했습니다. 그런데 해바라기가 잘 자라지 못하는 것 같아 아버지께 말했더니 같은 곳에 매년 같은 식물을 심으면 잘 자라지 않는다고 했습니다. 한곳에 쭉 같은 식물을 심으면 양분을 모두 흡수해 버리므로, 다른 식물과 돌아가며 심거나 퇴비를 많이 줘야 한다는 것입니다. 나는 해바라기가 잘 자랐으면 하는 마음에 아버지가 구해 준 비료를 듬뿍 주었습니다.

  며칠 뒤 학교에서 돌아오니 해바라기 잎이 축 늘어져 있었습니다. 흙이 마른 줄 알고 물을 주었는데도 변화가 없어 이리저리 살펴보니 뿌리와 줄기가 만나는 부분은 상해 있었습니다. 뿌리를 캐어 보니 힘이 없고 역시 여기저기 상한 부분이 보였습니다.

피마자

몇 달 동안 정성들여 키운 해바라기라 마음이 무척 아팠답니다. 알고 보니 잘 자라라고 준 비료가 해바라기한테 독이 된 것입니다. 그 비료에는 '요소'라는 성분이 많이 포함되었는데 많이 주면 오히려 해가 된다는 것을 알게 되었습니다. 뿐만 아니라 흙까지 점점 병들게 한다는 것도 그 일을 통해 알았습니다.

내가 키운 식물 가운데 특히 기억에 남는 것이 있습니다. 어른들은 잎이 난초처럼 나온다며 난초라고 부르기도 했는데 원래 이름은 '상사화'였습니다. 이른 봄 고향에서 가져온 상사화를 옮겨 심었는데 그래서인지 잎도 볼품이 없었고 힘이 없었습니다. 여름이 시작될 무렵에는 잎이 말라 버려 죽는 줄만 알았는데 흙을 파니 뿌리는 아직 살아 있었습니다. 얼른 흙을 묻고 새잎이 나오기를 기다렸습니다.

하지만 가을이 지나고 겨울이 되어도 나오지 않았습니다. 다시 봄이 되어서야 새잎이 나오기 시작해 더욱 정성을 들여 보살폈답니다. 그런데 한동안은 싱싱하게 잘 자라던 잎이 다시 누렇게 변하기 시작했습니다. 더운 한여름도 아닌데 잎이 말라 버리다니 병에 걸린 것이 아닐까 걱정이 되었습니다. 결국 잎은 다 말라 없어졌고 나는 다시 화분을 파 보았습니다.

놀랍게도 상사화는 죽지 않고 여전히 살아 있었습니다. 뿌리는 오히려 더욱 굵어졌지요. 나는 다시 흙을 묻으며 내년 봄에야 잎이 나오

상사화
Lycoris squamigera

키 : 60cm
꽃 : 6~7월
중부 이남의 꽃밭과 절에서 심어 가꾸는
여러해살이풀

겠다고 생각했습니다. 그런데 여름이 시작되고 더위가 한창일 무렵 화분에서 삐죽이 꽃대가 자라더니 연한 분홍빛 꽃이 피었습니다. 8월에 꽃이 핀 상사화는 꽃이 진 뒤 다음해 봄까지는 잎이 나지 않았습니다. 나는 꽃이 피고 지는 모습을 관찰하고 나서야 상사화가 어떻게 살아가는지 알게 되었습니다.

아버지는 상사화에 얽힌 전설이 있다고 했습니다. 먼 옛날 어느 마을에 큰 부자가 살았는데 그에게는 예쁜 딸 하나가 있었다고 합니다. 부자의 딸은, 가난하지만 부지런한 마을 청년과 서로 좋아하는 사이였습니다. 하지만 그 사실을 알게 된 부자는 딸을 방에 가두어 다시는 청년을 만나지 못하게 했습니다. 그러자 딸은 청년을 그리워하며 제대로 먹지도 않고 시름시름 앓다가 곧 세상을 떠나고 말았습니다. 그 소식을 들은 청년도 슬픔을 이기지 못해 뒤를 따르듯 죽었습니다.

마을 사람들은 서로를 그리워하다 죽은 두 사람을 한곳에 묻어 주자고 부자를 설득했습니다. 살아서 이루지 못한 사랑을 죽어서라도 이루라는 뜻이었지요. 그런데 그 이듬해부터 두 사람의 무덤가에 처음 보는 꽃이 피었습니다. 봄에는 잎만 무성하게 나다 곧 없어지고 여름에는 꽃대가 자라 꽃을 피웠지요. 마을 사람들은 만나지 못하고 그리워하다 죽은 처녀와 청년을 닮았다고 생각했습니다. 그 뒤로 이 식물을 서로를 생각하고 그리워한다는 뜻을 담아 상사화라고 부르기 시작했답니다.

　시골에 가면 상사화를 많이 볼 수 있는데 특히 절 주변에서 많이 자랍니다. 그 이유는 무엇일까요? 옛날 사람들은 상사화에서 뽑아낸 녹말로 풀을 쑤었다고 합니다. 상사화의 독성분이 해로운 벌레를 막아 주어 책을 묶으면 책벌레가 생기지 않았기 때문입니다.

　종이가 귀하고 아무나 책을 묶을 수 없던 시절, 불서를 많이 만들던 절에서는 귀한 종이가 오래 가도록 상사화로 쑨 풀을 많이 썼습니다. 그래서 절 주변에는 상사화가 많이 자랐답니다.

　나는 상사화를 키우면서 식물들도 저마다 살아가는 모습이 다르다는 것과 우리 나라에 사는 많은 식물들은 겨울을 나야만 새로 싹이 나고 꽃도 핀다는 것을 알게 되었습니다. 식물마다 살아가기에 적당한 환경이 다르다는 사실을 깨달은 것입니다.

7. 누가 뭐래도, 열심히 살고 있다고

🌿 얌체 같은 식물

제 스스로 노력해서 살지 않고 얌체같이 남의 것을 빼앗아 먹고사는 식물이 있을까요? 내가 어릴 적 할아버지께서는 밭에서 뭔가를 열심히 걷어 내면서 이런 말씀을 하곤 하셨어요.

"콩밭에 이 녀석이 퍼지면 농사를 망친단다. 씨가 익어 떨어지기 전에 없애 버려야 해."

그 식물은 잎이 없이 긴 줄기만 있었어요. 나는 긴 노끈처럼 생긴 것이 어떻게 농사를 망친다는 걸까 이상하게 생각했답니다. 그런데 논밭 근처와 산기슭에는 이것과 닮은 것이 무더기로 자라고 있었어요. 나는 끈처럼 길고 가는 이 줄기로 나뭇가지를 묶기도 했는데, 질기지 않아 잘 끊어졌어요. 내게는 이것이 그저 놀이 도구의 하나였지요.

어른들은 그 식물을 '새삼'이라고 했어요. 농사를 망치는 녀석이라는 말도 덧붙였지요. 식물인데도 새삼은 광합성을 하지 않아요. 대신 다른 식물에 찰싹 달라붙어 '기생뿌리'를 다른 식물의 줄기에 찔러 넣고, 허락도 없이 양분을 가져갑니다. 그럼 양분을 빼앗기는 식물은 어떻게 될까요? 뿌리로 열심히 물도 빨아올리고, 광합성을 해 양분을 만들어도 남는 것이 없으니 당연히 점점 말라 가겠지요. 경우에 따라서는 시들시들 병이 들어 죽기도 한답니다.

그렇다고 새삼이 같이 죽지는 않아요. 새삼은 식물에게서 양분을

새삼
Cuscuta japonica
키 : 1~2m
꽃 : 8~9월
나무나 풀에 더부살이하는 한해살이풀

빼앗아 튼튼하게 자라다가, 식물이 죽어 갈 때쯤이면 주변의 다른 식물로 옮겨 간답니다. 그러니 밭에 새삼이 자라면 농사를 망치게 되는 거지요. 게다가 한번 퍼지면 쉽게 없어지지도 않아요. 그래서 농사짓는 사람들은 새삼을 무척 싫어합니다.

스스로 양분을 만들지 않고 남의 것을 빼앗아 사는 새삼은 잎을 만들 필요가 없어요. 그래서 흔적만 남아 있어요. 줄기마저도 누런빛이랍니다. 광합성을 하는 데 필요한 엽록소도 만들지 않는 것이지요. 그러면 뿌리는 어떨까요? 식물이라면 모두 땅속에 뿌리를 내리는데 새삼도 그럴까요?

새삼은 한해살이 식물이랍니다. 봄에 싹이 트고 자라다 씨앗으로 겨울을 나지요. 봄이면 다른 식물처럼 싹이 나지만 처음 자라는 데 필요한 양분이 있는 떡잎은 땅속에 두고, 그냥 줄기만 길게 자랍니다. 그리고 양분을 빼앗을 식물을 찾습니다. 운 좋게 식물을 찾아 기생뿌리를 뻗으면, 쓸모없는 뿌리는 미련 없이 잘라 버려요. 그래서 조금 자란 새삼은 땅속으로 뻗은 뿌리가 없답니다. 한번은 무성하게 자란 새삼의 뿌리를 직접 찾아 본 적이 있는데, 아무리 찾아도 나오지 않았답니다. 새삼처럼 남의 것을 빼앗아 사는 식물을 '기생식물'이라고 합니다.

몇 해 전 여름이 막 시작될 무렵, 사람들과 오대산국립공원의 전나무 숲에 갔어요. 그 며칠 전에 비가 내려 숲길은 축축하게 젖어 있었지요. 길을 따라 걸으며 식물에 관한 이야기를 하는데, 숲 속 한쪽에 쌓인 낙엽 무더기 사이로 삐죽이 고개를 내민 것이 눈에 들어왔어요. 뭔

수정난풀
Monotropa uniflora

키 : 10~20cm
꽃 : 7월
산속 가랑잎 더미 속에서
드물게 자라는 여러해살이풀

가 하고 가까이 다가가자 사람들은 저마다 한마디씩 하기 시작했어요.

"뭐 이렇게 생긴 게 다 있지?"

"선생님! 이것도 식물인가요? 그런데 왜 하얀색이죠?"

"정말 예쁘게 생겼다! 얘는 어떻게 살아요?"

갑자기 쏟아지는 질문에 어느것부터 대답해야 하나 잠시 고민했답니다.

"이것도 식물이랍니다. 작고 예쁜 데다 투명한 느낌이 있어 '수정난풀'이라고 해요. 식물이지만 광합성은 하지 않아요. 보이는 것처럼 식물체 전체가 흰색이라 엽록소가 없거든요. 그럼 어떻게 살까 궁금하지요? 이 녀석은 숲속의 나무뿌리에 기생뿌리를 뻗어 양분을 흡수하며 살아요. 필요한 만큼 흡수했다 싶으면 꽃대를 내밀고 꽃을 피우지요. 그러고는 재빨리 열매를 만들고 곧 시들어 버려요. 그래서 초여름에만 잠깐 볼 수 있어요."

초여름에 잠시 모습을 드러내는 수정난풀. 사람들은 시간 가는 줄 모르고 수정난풀을 관찰했답니다.

🌿 기생식물이지만 양심은 있어

대학에 들어가, 우리 자생식물에 대한 공부를 막 시작할 무렵이었어요. 이른 봄에 경기도 팔당 부근의 검단산으로 채집을 갔답니다. 산어귀에 있는 마을에는 키 큰 미루나무와 밤나무가 퍽 많이 서 있었어요. 나무 꼭대기에는 까치집이 여럿 보였답니다. 어릴 때 어른들은 까치가 울면 반가운 손님이나 소식이 온다고 했어요. 내 기억으로도 고향집 가는 길가의 미루나무에서 까치가 요란하게 울라치면, 정말로 손님이 찾아오곤 했답니다. 나는 사실 손님보다 손님이 가져오는 먹을거리가 더 반가웠지요. 그래서 날마다 까치가 울기를 바랐답니다.

이런 이야기를 하며 산을 오르는데 앞에 가던 친구가 까치집을 가리키며, 이 동네는 까치가 많은 것 같다고 말했어요. 그러자 모두 그쪽으로 눈길을 돌리더니, 다들 한마디씩 하기 시작했답니다.

"조금 전에 본 까치집과는 어딘지 달라 보이는데?"

"저건 까치집이 아니잖아."

사람들의 반응에 친구는 기가 죽은 듯 목소리가 작아졌지요.

"어, 그런가?"

멀리서는 마치 까치집처럼 보이는 이 식물은 '겨우살이'입니다. 겨우살이라고 이름 붙은 이유는 아마도, 겨울에만 녹색으로 보이기 때문인 것 같아요. 겨우살이는 봄이 되어 잎이 나기 시작하면, 나뭇잎에 가려 잘 보이지 않거든요. 어쩌면 '겨우겨우 산다'는 뜻일 수도 있을 테고요.

겨우살이는 낙엽이 지는 키 큰 나무의 가지에 기생뿌리를 뻗고, 나무로부터 물과 양분을 흡수해 살아간답니다. 하지만 앞에서 이야기한 새삼과 수정난풀과는 다른 점이 있어요. 뭘까요? 바로 몸에 엽록소를 가지고 있다는 점이에요. 겨우살이는 새삼과 수정난풀과는 달리 제 스스로도 광합성을 해요. 다른 나무에 빌붙어 사는 게 조금은 미안했나

겨우살이
Viscum album var. coloratum

키 : 30~40cm
꽃 : 4월
다른 나무의 가지에 붙어 뿌리를 내리고 사는 늘푸른떨기나무

봐요.

그런데 겨우살이는 어떻게 높은 나뭇가지 위로 올라갔을까요? 이런 생각을 할 때 문득 떠오른 할아버지의 말씀. 언젠가 식물 공부를 한다는 내게, 할아버지께서 물으신 적이 있어요.

"내가 어디서 들었는데, 이 식물 씨앗은 꼭 새들의 먹이가 되어야 싹이 난다는구나. 혹시 뭔지 알겠냐?"

그때는 아무리 생각해도 무엇인지 몰랐는데, 알고 보니 그게 바로 겨우살이였답니다.

'겨우살이의 씨는 새들이 옮기는 거구나! 새들이 겨우살이 열매를 먹고 배설하면, 운 좋게 나뭇가지에 붙은 씨앗에서 싹이 트게 되는 걸 거야.'

이런 생각을 하고 몇 해 뒤, 국립수목원에 갔을 때의 일이에요. 이제 막 꽃이 피기 시작하는 3월 말이었지요. 일찍 꽃피운 식물이 있는지 곳곳을 살피던 중이었어요. 그러다 땅바닥을 뒹구는 초록색 가지를 발견했답니다. 가지 끝에는 비행기의 프로펠러처럼 양쪽으로 갈라진 잎이, 그 사이로는 노란색 열매가 달려 있었어요. 바로 겨우살이의 가지였지요. 열매를 만져 보니 말랑말랑했는데, 힘을 주어 누르자 열매가 터지면서 속에 있는 씨앗이 보였어요. 열매의 끈적끈적한 물질이 씨앗을 감싸고 있었지요. 여기서 겨우살이에 대한 수수께끼가 풀렸답니다.

겨우살이 열매는 늦가을에 익는데, 겨울에도 떨어지지 않고 가지에 붙어 있어요. 그러면 추운 겨울을 나는 새들에게는 맛있는 먹이로 보

171

이겠지요? 하지만 새에게 먹혀도, 끈적끈적한 물질에 싸여 있어서 열매는 소화되지 않고 그대로 배설이 돼요. 새들은 대부분 나뭇가지에 앉아서 용변을 보고, 겨우살이 씨앗은 끈적끈적한 물질에 싸여 있으니 높은 나뭇가지에 잘 달라붙을 수 있는 거예요. 나무 위에 자리잡은 겨우살이 씨앗은 봄이 되면 싹을 틔울 거예요. 그러고는 나무에 뿌리를 내리고 자라기 시작하는 거랍니다.

몇 해 전 봄, 치악산국립공원으로 조사를 나갔을 때였어요. 줄기가 퍽 두꺼운 신갈나무에, 막 자라기 시작한 겨우살이 60여 개가 붙어 있었어요. 겨우살이들이 점점 커지면 나무의 위쪽 가지가 말라죽기도 한답니다. 만약 겨우살이가 붙어사는 나무가 죽으면 겨우살이 역시 죽을 수밖에 없지요. 그래서 겨우살이는 아주 느리게 느리게 자라는데 1년에 한 마디씩만 자라서, 씨앗이 뿌리를 내리고 열매를 맺기까지 적어도 10년은 걸려요.

그러니까 겨우살이는 나무로부터 꼭 필요한 물과 양분만을 얻는답니다. 나머지는 제 스스로 만들어 쓰지요. 마치 자신이 살고 있는 나무가 죽지 않아야 자신도 오래 살 수 있다는 것을 알기라도 하는 것 같아요. 어때요. 참 영리하지요?

🌱 불가사리를 닮았네

바닷속에 사는 동물이고, 모양은 별처럼 생긴 이것은 무엇일까요? 맞아요. 바로 불가사리입니다. 바닷속에 사는 불가사리는 물이 없는 땅에 올려놓아도 죽지 않는다고 해요. 더 놀라운 것은 몇 토막으로 잘라 물에 던지면 원래 모양으로 되살아난다는 것이에요. 그런데 식물 중에도 불가사리처럼 끈질긴 생명력을 가진 것이 있답니다.

밭에서 꽃을 키울 때 가장 힘든 것은 잡초를 뽑는 일이에요. 어른들은 잡초에 대해 이렇게 말하곤 했어요.

"잡초? 뽑고 돌아서면 다시 나와 있어! 웬만해선 잡초를 이길 수 없을걸!"

나는 우리 꽃을 키우면서 이 말을 실감했어요. 정말, 잡초를 아무리 뽑아도 며칠만 지나면 다시 무성해졌거든요. 그 중에도 유난히 눈에 띄는 것이 있었어요. 바로 닭의장풀과 쇠비름이에요.

이 녀석들은 우선 뿌리가 잘 뽑히지 않아요. 쇠비름은 뿌리가 깊어 뽑기가 쉽지 않고, 닭의장풀은 줄기가 잘 끊기거든요. 이렇게 뿌리가 뽑히지 않은 녀석들은 며칠이 지나면, 다시 새순이 나와 곧 무성하게 자랐어요. 사람들이 자주 이런 말을 하지요?

"뿌리를 뽑아야 해! 문제를 해결하려면 뿌리를 뽑아야 한다니까!"

이 말이 바로 잡초를 뽑는 데서 나왔다는 것은 몰랐을 거예요. 한번은 마음먹고 뿌리까지 싹 뽑아 볕이 드는 곳에 던져 두었어요. 그리고 하루하루 시간이 지나면서 어떻게 되는지 관찰했지요. 며칠이 지나지 않아 잎과 줄기의 대부분이 바싹 말랐어요.

쇠비름
Portulaca oleracea

키 : 30cm
꽃 : 6~8월
밭이나 길가에 흔한 한해살이풀

"니들도 별수 없지. 이 정도면 다시 살아나지는 못할 거야."

이런 일이 있은 뒤로 한동안은 이 일을 까맣게 잊고 지냈어요. 다 말라 죽었으려니 생각한 거예요. 그런데 그게 아니었어요. 모두 말라 죽은 것 같던 녀석들이 새잎을 내고 있는 게 보였으니까요. "야, 너희들 참 대단하다. 어떻게 말라 죽지 않고 살아날 수 있었냐?" 하며 잘 살펴보았답니다. 그랬더니 "뭐, 대단하기는. 다 방법이 있지!" 하고 대답하는 것 같았어요.

알고 보니 쇠비름이나 닭의장풀의 줄기는 통통하게 생겨서 물을 많이 저장할 수 있게 되어 있던 거예요. 햇볕에 바짝 말라 죽은 것처럼 보였지만 사실은 줄기는 마르지 않고 살아 있던 거였지 뭐예요. 그러고는 비가 내리기를 기다리던 거였지요. 마침내 비가 내리자 이때다 하고 물을 빨아들이고는, 땅에 가깝게 닿아 있는 줄기에서 새로 뿌리를 내리는 것이었어요. 이 녀석들은 땅에 뿌리를 내리기만 하면 내가 키우는 어떤 우리 꽃들보다 몇 배는 빠르게 자라났어요. 힘겹게 살아난 녀석들을 다시 뽑아 버리자니 마음이 아팠답니다.

내가 살고 있는 곳에서는 길가에서도 우리 꽃을 쉽게 만날 수 있어요. 때로는 가던 길을 멈추고 들여다보기도 하지요. 어느 날 차를 타고 지나다, 길옆으로 무리를 지어 핀 노란 '금불초'를 보았어요. 그날은 시간이 없어 자세히 관찰하지 못했어요. 다음에 시간을 내서 다시 와야겠다고 생각하며 아쉬움을 달랬지요.

며칠 뒤 다시 그 자리에 찾아갔어요. 그런데 이럴 수가! 그 예쁜 꽃은 어디를 가고 누렇게 말라 버린 것만 남아 있지 뭐예요. 허탈한 마음으로 어찌된 일인가 살펴보았답니다. 원인은 바로 제초제였어요. 아마도 밭주인에게는 그저 잡초로 보였나 봐요.

하지만 다행스럽게도 줄기와 잎만 누렇게 말라 있었고, 얼마 지나지 않아 새잎이 나는 것을 볼 수 있었어요. 그래서 다음 해 봄에 다른 곳에 옮겨 심어야겠다고 마음먹었지요. 그럼 다시는 제초제 때문에 고생하지 않아도 될 테니까요.

그리고 이듬해 봄, 새로 나온 순을 골라 우리 꽃을 키우는 밭으로 옮겨 심었어요. 한동안은 시들시들하며 고생하더니 곧 잘 자라기 시작했지요. 마침 우리 꽃으로 조그만 화단을 꾸밀 일이 생겨 금불초도 함께 옮겨 심었어요. 밭에는 금불초를 캐어 낸 자리만 남았답니다.

그런데 시간이 얼마나 지났을까, 그 자리에서 다시 금불초가 자라고 있었어요.

"거참 이상하기도 하지. 분명히 모두 캐어 냈는데 남은 것이 있었나?"

이상하다 생각하며 식물원에 있는 후배에게 물어 보았답니다. 금불초를 모두 다른 곳에 옮겨 심었는데, 얼마 지나서 보니 그 자리에서 새로 싹이 나 자라고 있다고 말이죠. 그러자 식물원 후배도 맞장구를 치며 이렇게 말했어요.

"맞아요. 우리도 금불초를 다른 곳에 옮겨 심었는데, 먼저 심겨 있던 자리에서 자꾸 싹이 올라왔어요. 뽑아내느라고 힘들었어요."

금불초
Inula britannica var. japonica

키 : 20~60cm
꽃 : 7~9월
강가나 산골짜기에서 자라는 여러해살이풀

나는 혹시 뿌리에 비밀이 있는 건 아닐까 하는 생각이 들었답니다. 그래서 바로 밭으로 가, 금불초가 자라던 곳을 파 보았답니다. 그러자 작은 새순을 달고 있는 금불초의 뿌리가 많이 나왔어요.

'아하 그렇구나! 금불초는 뿌리가 잘리면 잘린 뿌리에서 새순이 돋아 다시 자라는구나! 야, 대단한데.'

금불초의 비밀은 뿌리에 있었어요. 알고 보니 금불초는 1cm 정도의 짧은 뿌리만 있어도 새순을 만들었어요. 금불초의 긴 뿌리를 수십 토막으로 잘라 땅에 묻으면 모두 새로운 금불초로 자랄 수 있는 거였어요. 정말 불가사리를 닮은 식물이지요?

처음 금불초가 자라던 밭에는 지금 한 무더기의 금불초가 자라고 있답니다.

풀꽃 삼촌의 어린 시절 이야기
🌿 식물과 더 가까이 🌿

　나는 대학에서 생물학을 공부했습니다. 처음에 생각한 것과는 많이 달랐습니다. 내가 좋아하는 식물에 관한 것은 생물학의 일부분이었기 때문입니다. 그때 생물학과에는 식물을 좋아해 더 깊이 공부하고 싶은 사람들이 만든 모임이 있었습니다. 서로 공부한 것을 발표하고 다른 사람과 토론하며 식물에 대해 더 많은 것을 배울 수 있었습니다. 무엇보다 우리 나라에서 제 스스로 나고 자라는 식물(자생식물)이 무려 4,000가지가 넘는다는 것을 알게 되었답니다. 그때까지 내가 이름을 아는 식물은 50여 가지 정도였으니 내가 알지 못하는 식물이 굉장히 많았던 것입니다.

　내가 처음으로 식물채집 여행을 떠난 곳은 설악산국립공원의 오색 약수 부근이었습니다. 산길을 오르면서 이제 막 꽃을 피우는 식물들을 보았습니다. 바위틈에 붙어 자라는데 단풍잎을 닮은 '돌단풍', 키는 5센티미터도 안 되는데 제 키의 절반이나

큰구슬붕이
Gentiana zollingeri
키 : 5-10cm
꽃 : 4-5월
양지바른 숲속에서 자라는 두해살이풀

되는 꽃을 피우는 '큰구슬붕이'……. 계곡을 조금 더 올라가자 나무를 타고 올라가는 덩굴식물이 보였습니다. 내가 아는 칡덩굴인 줄 알았는데 잎 모양이, 무엇보다 꽃의 생김새가 전혀 달랐습니다. 어찌 보면 트럼펫을, 또 어찌 보면 파이프 담뱃대를 닮은 이 꽃은 '등칡'의 꽃이었습니다. 그때 처음 본 식물로는 '큰앵초'와 '산괴불주머니'가 있었습니다. 점점 식물들에 대해 더 많이 알고 싶어졌습니다.

그래서 채집여행을 마치고 서울로 돌아오자마자 서점에 가서 식물도감을 샀습니다. 도감을 들고 다니며 처음 보는 식물은 이름부터 찾아보았답니다. 평소에는 학교를 돌아다니며, 시간이 날 때는 서울에서 멀지 않은

등칡
Aristolochia manshuriensis
키 : 10-15m
꽃 : 5-6월
깊은 산 골짜기에서 드물게 자라는 잎지는덩굴나무

경기도의 천마산으로 답사를 가곤 했습니다.

식물도감이 없을 때는 작은 수첩에 식물의 전체 모양과 잎 모양, 꽃 모양을 그려 두었습니다. 그리고 꽃의 색과 잎의 크기, 줄기에 털이 있는지 등 특징이 될 만한 것을 자세하게 써놓고 도감과 비교해 이름을 알아냈습니다.

처음에는 도무지 어떤 것인지 알 수 없어 식물도감 전체를 뒤적이며 이름을 찾았습니다. 아마도 지금까지 수백 번은 그리 한 것 같습니다. 그러자 식물의 특징을 보고 어떤 종류인지 짐작할 수 있게 되었습니다.

식물도감 다음으로 갖고 싶은 것은 카메라였습니다. 산과 들에서 만나는 아름다운 식물을 사진으로 담고 싶어졌지요. 식물을 채집해 표본을 만들기도 했지만 채집을 하면 그 식물이 죽게 되니 곤란했습니다. 그래서 특별한 경우가 아니면 식물표본을 만들지 않았습니다.

그 대신 몇 달 동안 일을 하며 모은 돈으로 카메라를 사서 보이는 식물은 모두 찍었습니다. 하지만 제대로 된 사진은 몇 장 되지 않았습니다. 그때부터 우리 꽃을 아름다운 사진으로 담기 위해 사진 공부도 하게 되었답니다.

자생식물에 깊이 빠져들면서부터 나에게는 버릇이 하나 생겼습니다. 바로 '여기저기 두리번거리기'입니다. 어떤 식물이 있는지, 혹시

큰앵초
Primula jesoana

키 : 30cm
꽃 : 5~8월
깊은 산 골짜기나 냇가에 자라는
여러해살이풀

내가 처음 보는 식물이 있지는 않을까 생각하며 살피게 되었지요. 이것은 지금도 여전합니다. 나는 동물원이나 놀이동산을 가도 곳곳에서 자라는 식물에만 눈이 간답니다.

몇 해 전부터 나는 서울을 떠나 강원도 대관령에서 살고 있습니다. 이곳에서는 더 많은 우리 꽃을 더 쉽게 만날 수 있습니다. 우리 나라 자생식물들이 살아가는 모습을 가까이에서 더 깊이 들여다볼 수도 있답니다. 산과 들에서 자라는 식물들의 씨앗을 받아다 땅에 뿌리고, 자라는 것을 직접 관찰하는 일은 정말 즐겁습니다. 우리 꽃을 하나하나 키우면서 새로운 것을 알게 되고 때로는 전혀 생각하지 못한 모습을 보기도 합니다. 그럴 때면 까닭이 무엇일까 여러 가지로 생각하면서 답을 찾아갑니다. 마치 그 식물과 친구가 된 것 같은 느낌이지요.

산과 들에 사는 우리 꽃들에게는 재미있고 신기한 이야기가 숨어 있습니다. 길을 가다 만나는 식물들에게 한번 말을 걸어 보세요.

"너는 왜 여기 사니?"

"너는 언제 꽃을 피우니?"

"너는 왜 다른 애들과 다르게 생겼니?"

"여기는 무척 추운데 너는 어떻게 겨울을 지내니?"

그리고 그 식물을 유심히 살펴보세요. 그 속에 분명히 대답이 숨어 있을 테니까요.

8. 혼자 사는 식물은 없어요

🌿 마을로 내려온 우리 꽃들

"어! 이거 광릉요강꽃 아닌가요? 이거 무지 희귀한 건데 어떻게 여기에……."

"그거요. 여기 보이는 뒷산에서 캐온 겁니다. 지난 봄에 만났는데 모두 열세 포기가 있더군요. 그래서 모두 캐왔지요. 그 주변을 이 잡듯이 뒤졌는데 더는 보이지 않더군요."

이것은 한 10년 전 가을쯤에 경기도 한 마을에서 내가 처음 말로만 듣던 광릉요강꽃을 발견하고는 집 주인 아저씨와 나눈 이야기입니다. 그런데 이렇게 뽑혀서 마을로 내려온 광릉요강꽃은 잘 살 수 있을까요? 문제는 그렇지 않다는 것입니다. 이 친구는 살던 곳을 떠나 다른 곳으로 옮겨오면 얼마 지나지 않아 점점 허약해지고 나중에는 죽고 만답니다.

광릉요강꽃은 우리 나라에서는 거의 찾아보기 어려운 희귀한 식물이랍니다. 몇몇 사람들의 욕심 때문에 우리 나라에서 광릉요강꽃은 영영 없어지고 말지도 모른답니다.

몇 해 전 봄에는 강원도 동강으로 그곳에서만 볼 수 있는 동강할미꽃을 보러 갔답니다. 강원도 지방에 큰 피해를 준 태풍 매미와 루사의 흔적이 아직도 또렷이 보이는 바위절벽에 앙증맞게 피어 있는 동강할미꽃을 보고는 얼마나 기뻤는지 모른답니다.

동강할미꽃
Pulsatilla tongkangensis
키 : 15~20cm
꽃 : 4월
강원도 동강과 삼척의 석회암 지대
양지바른 바위틈에서 자라는 여러해살이풀

"멋있다! 이런 곳에서도 살 수 있다니."

가까이 다가가 보니 홍수의 흔적은 동강할미꽃이 살고 있는 곳보다 한참 위쪽까지 또렷하게 남아 있었어요. 거세게 몰아치는 물살을 이겨 내고 살아남은 거지요. 동강의 석회질 바위벽 틈에 어렵게 자리를 잡고 사는 이 친구들을 마음에 담고 돌아왔답니다.

며칠 뒤에 식물원의 후배와 다시 동강에 갔답니다. 그런데 동강할미꽃이 있던 곳 가까이 다가가면서 뭔가 느낌이 좋지 않았어요. 이럴 수가! 손이 닿을 만한 곳에 있는 동강할미꽃은 하나도 보이지 않았어요. 겨우 남아 있는 것은 손이 닿지 않는 높은 곳과 캐기 어려운 바위 틈에 자리를 잡은 것들뿐이었답니다. 사람의 손에 동강할미꽃이 파헤쳐진 흔적만이 또렷하게 남아 있었답니다.

"그냥 보기만 하면 안 되는 것일까? 집으로 가져가 봐야 잘 자리지도 못하는데. 여기서나 이렇게 예쁘게 분홍빛으로 꽃을 피우는 거지 다른 곳에 옮겨 심으면 제 모습이 없어진다는데."

"참 허무하네요. 이렇게 되면 머지않아 동강할미꽃은 남는 것이 없겠는데요!"

이번에는 동강에서 집으로 돌아오는 길이 무겁기만 했어요. 이런 경험이 한두 번이 아니었음에도 그날따라 더 마음이 아팠답니다.

그런데 어떤 사람들은 이렇게 마음 아파하는 내 모습이 이상한가 봐요. 사람들이 아무 생각 없이 산과 들의 식물들을 마구 캐어 가는 것에 대해 화를 내기라도 하면 이러는 거예요.

"뭐, 그깟 풀 한 포기 없어진 것을 가지고 무슨 큰일이라도 난 것처럼 난리야! 산에 가면 많잖아. 내년이면 또 나올 텐데 뭘."

정말 내년이면 없어진 식물이 그 자리에서 다시 싹을 내고 자랄까요? 올해 본 식물들을 내년에도 그 자리에서 다시 만날 수 있을까요? 만약 어떤 사람이 캐어 간 식물이 우리 나라에서 몇 포기 남지 않은 식물이었다면 어떻게 될까요?

산과 들에서 식물을 캐어 가는 사람이 몇 사람밖에 되지 않는다면 크게 문제가 없을 거예요. 물론 그 수가 많은 식물일 경우라야만 해요. 그런데 많은 사람들이 '나 하나쯤 캔다고 무슨 일이 있겠어!' 하는 생각을 하고 있다면 어떻게 될까요? 점점 우리의 산과 들에서 보기 어려운 식물이 늘어나게 될 거예요. 그렇게 하나씩 둘씩 찾아보기 어려운 희귀식물이 되어 갈지도 모른답니다. 그 중에 어떤 식물은 그 수가 많지 않아 벌써부터 희귀한 식물이었다면 아마도 그 식물은 곧 이 땅에서 사라지고 말 거예요. 그런데 그 식물이 우리 나라에서만 사는 식물이라면 어떨까요?

동강할미꽃은 우리 나라에만 있는 식물이랍니다. 그것도 강원도 동강과 삼척에서만 자라는 식물이에요. 동강할미꽃처럼 우리 나라에서만 자라는 식물이 500가지가 넘는다고 해요. 이런 식물들은 우리 나라에서 사라지면 바로 우리가 살고 있는 지구에서도 사라지는 것이 된답니다. 그러니 더 소중하게 지켜내야 하지 않을까요?

한번은 식물에 대해 잘 모르는 친구 하나와 동강할미꽃에 관한 이야기를 하다가 이런 이야기를 한 적이 있었어요.

"희귀한 식물들. 그거 식물원에 가면 있잖아. 자꾸 없어지고 그러는 것들 식물원에 모두 모아 놓고 잘 키우면 되는 것 아닌가? 식물 전문가들이 잘 관리하고 보호하면 되잖아?"

"물론 그렇기는 해. 식물원에 모아 놓고 보호할 수도 있지. 하지만 그 방법이 가장 좋은 방법일까? 식물원에 모아 놓고 키우는 것은 최후의 방법인 것 같은데."

"나도 식물원에 모아 놓고 키우는 것이 가장 좋은 방법이라고 생각하지는 않아. 그런데 자꾸 찾아보기 어려운 식물의 종류가 늘어난다니 하는 소리지."

"그래. 너도 찾아보기 어려운 식물의 종류가 늘어나거나 아예 사라지는 식물들이 생긴다는 이야기에는 마음이 좋지 않은 모양이구나."

"그럼. 나도 우리 꽃들에 대해 관심이 많다고. 우리 꽃들에 대해 잘은 모르지만. 그런데 그 수가 줄어들어 희귀해진 식물들은 왜 금방 이 땅에서 사라져 멸종하게 되는 거지?"

"글쎄. 여러 원인이 있겠지만, 우선은 희귀하다는 이유로 사람들이 더 많이 캐어 가는 것 같아. 몇몇 사람의 욕심이 부른 결과라고 생각해. 어떤 식물은 아직 어떤 방법으로 씨앗이 싹 트고 자라는지조차 모르는 채 이 땅에서 사라져 가기도 해. 그런데 만약에 사람들 손을 피해 살아남은 식물들이 있다면 시간이 지나면서 어떻게 될 것 같아?"

"그야 뭐, 다행스러운 일인데. 글쎄, 잘 살지 않을까? 더는 사람들이 캐어 가지 않으면 더 늘어나지 않을까?"

"사람들이 건드리지만 않는다면 자기들끼리 잘 살고 또 수도 늘어날 수 있을 거야. 사실 나도 그랬으면 좋겠어. 그런데 살아남은 수가 너무 적을 경우는 문제가 될 수도 있다는 거야. 잘 생각해 봐. 자연 환경에서 각각의 식물들이 한곳에 자리를 잡고 살게 되기까지 얼마나 많은 시간이 걸렸겠어? 항상 주변의 다른 식물들과 경쟁을 해야 하고. 살고 있는 환경에도 적응해야 하고, 아마도 수백 년 또는 수천 년이 걸렸을지도 모른다고. 또 한 가지 문제는 숫자가 너무 적을 경우는 새로 싹을 내고 자라는 후손들의 유전인자가 다양하지 못하다는 거야. 무슨 이야기냐 하면 살아남은 몇 포기끼리만 꽃가루를 주고받다 보니까 그 결과로 만들어지는 씨앗은 거의 비슷한 유전인자를 가지게 된다는 거지."

"그게 무슨 문제가 있나? 일단 숫자만 많이 늘어나면 되는 것 아냐?"

"숫자만 늘어난다고 좋은 것이 아니야. 이렇게 서로 유전인자가 비슷하게 되면 문제가 생길 수 있어. 환경변화에 대응하는 능력이 떨어진다는 거야. 잘 들어봐! 다양한 유전인자를 가지고 있는 식물의 경우 그 중 어떤 녀석은 변화하는 환경에 적응할 수 있는 능력을 가지고 있을 수 있다는 거야. 그러면 이 녀석과 꽃가루받이를 하거나 또는 이 녀석에게 꽃가루를 전해주어 만들어지는 씨앗에는 그런 유전인자가 전해지겠지. 결국 이런 식물 종류는 환경이 변해도 살아남는 거야."

"아하! 그러니까 숫자만 많았지 유전인자가 다양하지 못한 식물은 환경이 변하게 되면 그 변화에 적응하지 못하고 모두 죽어 없어질 수 있다는 거구나."

"그렇지! 물론 없는 것보다는 낫겠지만 이런 문제도 생길 수 있다는 것을 알아야 한다는 거야. 그렇기 때문에 더욱 자연스레 살아갈 수 있도록 훼손을 막아야 한다는 거지. 사람들의 손에 의해 점점 숫자가 줄어들게 되면 문제가 더 커질 수 있으니까."

"그러면 식물원에서 키우더라도 그 수가 늘어나면 나중에는 자연으로 돌려보내 줘야 한다는 거네. 그들 스스로 살 수 있도록."

그런데 안타깝게도 많은 우리 꽃들이 점점 그 수가 줄어들어 이제는 쉽게 찾아보기 어렵게 되었답니다. 내가 이곳 대관령에 와서 경험한 것 가운데 가장 나를 놀라게 한 것은 깊은 산에서조차 찾아보기 어려운 희귀한 식물들을 마을의 집 뒤뜰에서 흔하게 볼 수 있었다는 것이에요. 원래 자기가 살던 곳을 떠나온 식물들은 머지않아 죽어 없어지고 말 것이랍니다.

그런데 사실은 이렇게 동네 사람들이 캐다 집에 심는 것은 얼마 되지 않을 것이라는 생각이 드는 일이 있었답니다. 그것은 바로 '복주머니란' 이라는 희귀식물을 판매하는 곳에 갔을 때랍니다. 그곳에는 퍽 많은 복주머니란이 심겨 있었는데 모두 산에서 캐어 와 키우는 것이었어요. 왜냐하면 아직 복주머니란을 사람 손으로 씨앗부터 키우거나 조직배양이라는 기술을 이용하여 키울 수 있는 기술이 개발되어 있지 않은 상태이기 때문이지요.

복주머니란(개불알꽃)
Cypripedium macranthum
키 : 25~45cm
꽃 : 5~7월
높은 산 풀밭에서 아주 드물게 자라는 여러해살이풀

이렇게 산에서 잘 자라고 있던 복주머니란은 어떻게 산에서 내려오게 되었을까요? 이곳에 사는 사람들도 처음에는 꽃이 아름답기 때문에 한두 포기씩 캐어 집에 심어 두기는 했을 거예요. 그러다 언제부턴가 도시 사람들이 이 복주머니란을 돈을 주고 사가기 시작했답니다. 돈을 주고 사간다니 산속 어디에 이 식물이 많이 자라는지 아는 시골 사람들은 이것을 캐어다 팔았겠지요. 그 결과로 이제는 정말 희귀한 식물이 돼 버린 거예요.

그런데 이런 일이 아직도 있는 것을 보게 된답니다. 이와 비슷한 이유로 많은 식물들이 산을 떠나 마을로 내려오고 또 도시로 팔려가고 있으니 안타까운 일이지요.

우리의 산과 들에서 제 스스로 피고 지는 식물들 어느 것 하나 소중하지 않은 것이 없답니다. 또한 모두 우리의 소중한 식물자원이기도 하기 때문이에요. 잘 아는 것처럼 어떤 것은 먹을거리로 또 어떤 것은 약으로 쓰이기도 한답니다. 물론 아름다운 꽃을 피워 우리를 즐겁게 하기도 하지요. 과학기술이 발전하면서 우리가 가지고 있는 식물로부터 사람들에게 유용한 물질을 찾아내고, 이것을 이용하여 질병을 치료할 수 있게 될지도 모른답니다.

예를 든다면 불치병인 암을 치료할 수 있는 약을 찾아 낼 수도 있을 거예요. 만약 어떤 식물에 암을 치료할 수 있는 성분이 있다고 생각해 봐요. 그런데 그 식물이 얼마 전에 멸종했다면 어떨까요? 또 다른 암 치료제를 찾는 동안 많은 사람들이 고통 받아야 할 거예요.

그리고 한 가지 더 생각해야 하는 것이 있답니다. 그건 어떤 식물에게나 그 식물에 의지해 사는 곤충이나 동물이 있을 수 있다는 거예요.

한 가지 예로 이른 봄철에 볼 수 있는 애호랑나비는 얼레지꽃에서 꿀을 빨아먹고는, 알은 족도리풀이라는 식물의 잎 뒷면에 낳는답니다. 알에서 깨어난 애호랑나비의 애벌레는 족도리풀의 잎을 갉아먹고는 자라게 되는 거지요. 만약 족도리풀이 없어진다면 아마도 애호랑나비까지 볼 수 없게 될지 모른답니다. 이렇게 자연 생태계는 서로 연결이 되어 있답니다. 어떤 식물 하나가 이 땅에서 사라지는 것이 꼭 그 식물 하나만 사라지는 것이 아니라는 것을 깊이 생각해야 한답니다.

족도리풀(족두리풀)
Asarum sieboldii
키 : 4~10cm
꽃 : 5~6월
산속 나무 그늘에서 자라는
여러해살이풀

찾아보기

각시수련(애기수련) 89	등칡 180
겨우살이 170	말나리 100
골담초 58	매발톱꽃 131
금불초 177	바위솔 151
꽃다지 18	반하 66
꽃향유 46	복주머니란(개불알꽃) 191
나리난초 21	사위질빵 110
냉이 15	산구절초 123
노루오줌 33	산국 44
누린내풀 41	산솜다리 119
다래 111	상사화 161
돌마타리 39	새삼 165
동강할미꽃 185	서울제비꽃 94

소태나무 71	중나리 103
쇠비름 174	쥐오줌풀 35
수련 85	참나리 98
수수꽃다리(라일락) 69	창포 49
수정난풀 167	천남성 61
앉은부채 25	큰구슬붕이 179
애기앉은부채 28	큰앵초 182
얼레지 139	투구꽃 65
연꽃 86	파리풀 75
옥잠화 114	하늘매발톱 126
정선바위솔 155	해란초 147
제비꽃 91	호제비꽃 9
족도리풀(족두리풀) 193	

그린이의 말

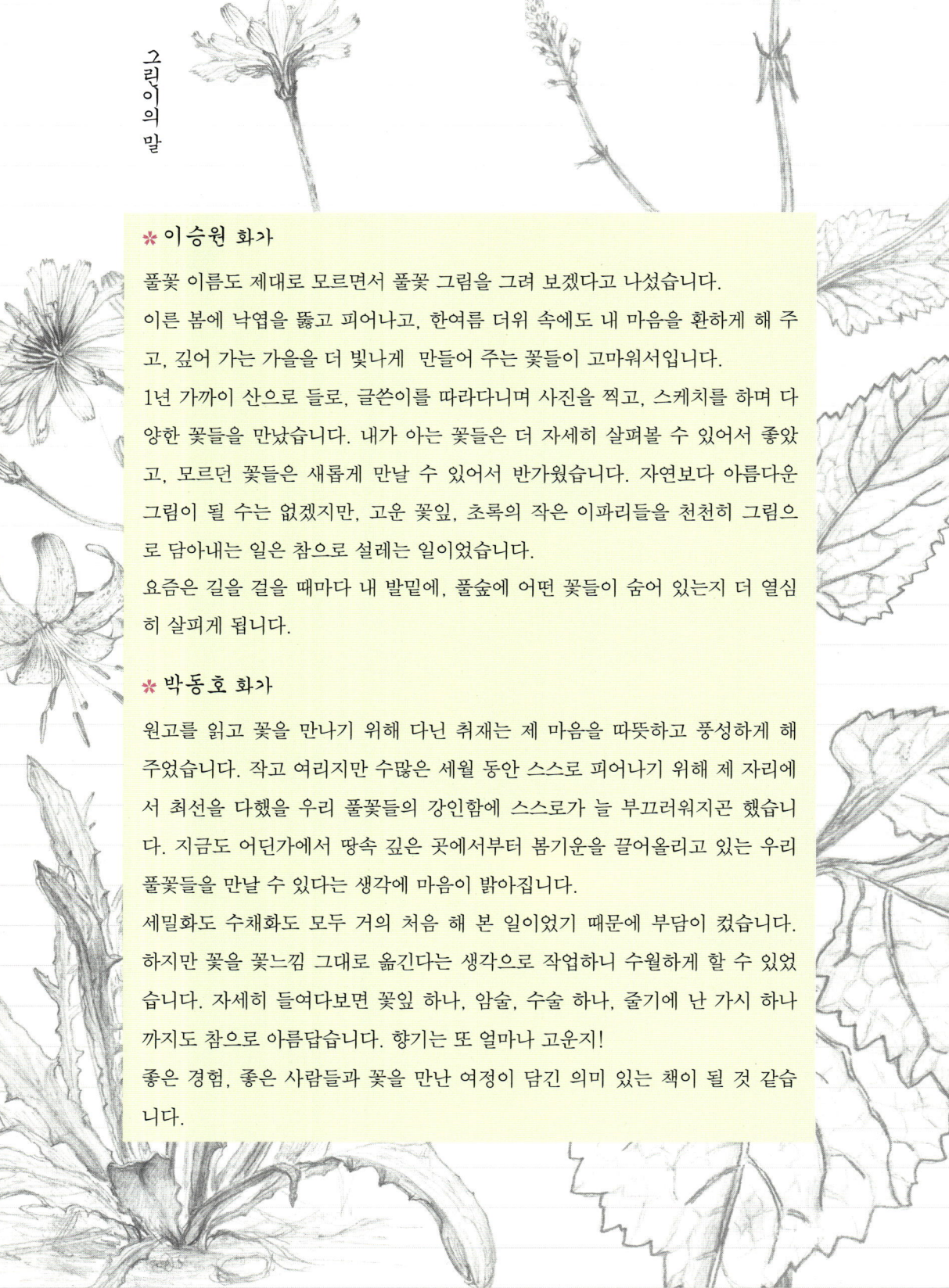

✱ 이승원 화가

풀꽃 이름도 제대로 모르면서 풀꽃 그림을 그려 보겠다고 나섰습니다.
이른 봄에 낙엽을 뚫고 피어나고, 한여름 더위 속에도 내 마음을 환하게 해 주고, 깊어 가는 가을을 더 빛나게 만들어 주는 꽃들이 고마워서입니다.
1년 가까이 산으로 들로, 글쓴이를 따라다니며 사진을 찍고, 스케치를 하며 다양한 꽃들을 만났습니다. 내가 아는 꽃들은 더 자세히 살펴볼 수 있어서 좋았고, 모르던 꽃들은 새롭게 만날 수 있어서 반가웠습니다. 자연보다 아름다운 그림이 될 수는 없겠지만, 고운 꽃잎, 초록의 작은 이파리들을 천천히 그림으로 담아내는 일은 참으로 설레는 일이었습니다.
요즘은 길을 걸을 때마다 내 발밑에, 풀숲에 어떤 꽃들이 숨어 있는지 더 열심히 살피게 됩니다.

✱ 박동호 화가

원고를 읽고 꽃을 만나기 위해 다닌 취재는 제 마음을 따뜻하고 풍성하게 해 주었습니다. 작고 여리지만 수많은 세월 동안 스스로 피어나기 위해 제 자리에서 최선을 다했을 우리 풀꽃들의 강인함에 스스로가 늘 부끄러워지곤 했습니다. 지금도 어딘가에서 땅속 깊은 곳에서부터 봄기운을 끌어올리고 있는 우리 풀꽃들을 만날 수 있다는 생각에 마음이 밝아집니다.
세밀화도 수채화도 모두 거의 처음 해 본 일이었기 때문에 부담이 컸습니다. 하지만 꽃을 꽃느낌 그대로 옮긴다는 생각으로 작업하니 수월하게 할 수 있었습니다. 자세히 들여다보면 꽃잎 하나, 암술, 수술 하나, 줄기에 난 가시 하나까지도 참으로 아름답습니다. 향기는 또 얼마나 고운지!
좋은 경험, 좋은 사람들과 꽃을 만난 여정이 담긴 의미 있는 책이 될 것 같습니다.